CARLOS RUIZ

LA ERA DE LA SOBRECARGA SENSORIAL

RECUPERA TU ATENCIÓN EN LA ERA DEL RUIDO Y LA INFORMACIÓN INFINITA

A todas aquellas personas que se sienten abrumadas por el ruido constante del mundo moderno.

A quienes buscan encontrar momentos de calma en medio del caos.

A quienes se esfuerzan por recuperar su atención, su tiempo y su paz mental.

Este libro es para ti, con la esperanza de que encuentres el equilibrio sensorial y la armonía que necesitas para vivir plenamente.

Contenidos

1

EL DESPERTAR DEL CAOS

L a llegada de la era digital transformó radicalmente la forma en que interactuamos con el mundo. Lo que comenzó como un avance tecnológico prometedor se ha convertido en un flujo constante de información y estímulos sensoriales que compiten por nuestra atención. En este capítulo, exploramos cómo la expansión de la tecnología y el acceso ilimitado a información han dado lugar a un entorno de sobrecarga sensorial. Reflexionaremos sobre los primeros signos de esta transformación y cómo nuestras vidas comenzaron a cambiar, desde las oportunidades que surgieron hasta los desafíos ocultos que marcaron el inicio de un caos sensorial que aún no comprendemos del todo.

El nacimiento de la era digital

A lo largo de la historia, el avance de las tecnologías ha marcado hitos importantes en el desarrollo de la humanidad. Desde la invención de la imprenta hasta la revolución industrial, cada salto tecnológico ha supuesto una transformación radical en la forma en que las sociedades se organizan y evolucionan. Sin embargo, ninguno de estos avances ha sido tan omnipresente y acelerado como el surgimiento de la era digital. Este nuevo paradigma no solo modificó cómo trabajamos y nos comunicamos, sino que también transformó profundamente nuestra relación con la información, el tiempo y hasta con nosotros mismos.

El advenimiento de la era digital puede situarse en la última parte del siglo XX, con la popularización del uso del ordenador personal y, sobre todo, de Internet. Estos desarrollos tecnológicos, junto con la posterior expansión de los teléfonos móviles inteligentes, cambiaron drásticamente el modo en que interactuamos con el mundo. La información dejó de estar confinada en enciclopedias físicas, bibliotecas o universidades para pasar a estar disponible a un clic de distancia, accesible desde cualquier lugar del planeta, a cualquier hora del día.

El acceso a este vasto mar de datos era, en un principio, celebrado como una especie de utopía informativa. De pronto, cualquier persona con una conexión a Internet podía acceder a conocimiento que, hasta ese momento, estaba reservado para unos pocos privilegiados. El concepto mismo de "autoridad" sobre el conocimiento comenzó a difuminarse; ya no era necesario acudir a una figura de prestigio para obtener información. Los límites geográficos, sociales y académicos empezaron a evaporarse en un mundo cada vez más interconectado, donde las voces de cualquier individuo podían resonar en rincones lejanos del planeta.

Este salto tecnológico no solo democratizó el acceso a la información, sino que también modificó profundamente las expectativas y los comportamientos sociales. Antes de la era digital, el ritmo de la vida y el acceso a los contenidos estaban marcados por límites claros. Se esperaban días o incluso semanas para recibir noticias a través de medios escritos, y las comunicaciones transcontinentales dependían de la logística postal. Ahora, la información fluía de forma constante, directa y sin interrupciones.

El impacto de esta transición en la vida cotidiana fue tan rápido que muchas veces no nos detuvimos a reflexionar sobre las consecuencias. Un ejemplo de este cambio radical es cómo el teléfono, antes un aparato estático utilizado exclusivamente para llamadas de voz, se ha transformado en un dispositivo multifuncional que llevamos a todas partes. Lo que antes requería acudir a varios lugares – una librería para comprar un libro, una oficina de correos para enviar una carta, o una sala de cine para ver una película – ahora se consolidaba en un solo objeto que llevamos en el bolsillo.

El concepto de "tiempo de espera" comenzó a desvanecerse en este nuevo paradigma digital. La inmediatez se convirtió en el nuevo estándar. Las respuestas a nuestras preguntas, la comunicación con amigos y familiares, y el acceso a entretenimiento estaban siempre al alcance de la mano, disponibles de manera inmediata. Esta transformación no solo impactó nuestras rutinas diarias, sino que también moldeó nuestras expectativas. La era digital nos hizo esperar – y, en muchos casos, exigir – resultados rápidos y acceso ilimitado, reconfigurando nuestra percepción de lo que es el tiempo, la paciencia y el esfuerzo.

Sin embargo, en medio de esta expansión sin precedentes, también se incubaba un fenómeno que, en aquel momento, no era evidente: la sobrecarga de estímulos. A medida que el acceso a la información se hacía más fácil, también se hacía más difícil discernir entre lo que es relevante y lo que no lo es. El caudal inagotable de datos e interacciones virtuales empezó a sobrepasar nuestra capacidad de procesamiento cognitivo. Donde antes la información llegaba de forma controlada y organizada, ahora el flujo de datos era incesante y desbordante.

La tecnología, que había sido celebrada como un liberador de cargas y facilitador de vidas más ágiles, pronto comenzó a exigir una cuota invisible. Este exceso de información, lejos de liberarnos, comenzó a generarnos una sensación de sobrecarga constante. La paradoja se hizo evidente: cuanto más accesible era la información, más difícil se hacía concentrarse en lo esencial. Estábamos inmersos en una revolución que, en lugar de calmar la sed de conocimiento, parecía intensificarla de manera insaciable.

En este contexto, la transformación social que acompañó a la era digital fue igualmente profunda. Las relaciones interpersonales, por ejemplo, se vieron afectadas por la creciente dependencia de los dispositivos electrónicos y las plataformas de redes sociales. La idea de estar siempre "conectado" se instaló en nuestra cultura de manera casi imperceptible al principio, pero con el tiempo, la constante disponibilidad digital se convirtió en una expectativa. El teléfono móvil dejó de ser solo un medio para comunicarse y se transformó en una extensión de nosotros mismos, funcionando como una ventana siempre abierta al mundo.

Este cambio no solo afectó cómo nos comunicamos, sino también cómo gestionamos nuestra atención. Si antes podíamos dedicar tiempo y concentración a una tarea específica o a una conversación profunda, ahora las interrupciones constantes – notificaciones, mensajes instantáneos, correos electrónicos – fragmentaban nuestra atención y, en consecuencia, nuestra capacidad para enfocarnos de manera sostenida. La era digital, con todas sus promesas de conectividad y acceso, también trajo consigo la dispersión cognitiva.

Las implicaciones de esta transformación aún están en desarrollo, pero lo que queda claro es que la era digital ha modificado la estructura misma de nuestras vidas de manera irreversible. Cada vez es más difícil encontrar momentos de desconexión real. La omnipresencia de la tecnología ha llevado a una erosión de las barreras entre el trabajo y el ocio, entre el tiempo personal y el tiempo compartido con otros. Vivimos en una realidad donde, paradójicamente, la constante conectividad puede aislarnos de las interacciones humanas auténticas y profundas.

Y es que, a medida que la era digital se asentaba y se expandía, comenzamos a darnos cuenta de que este nuevo mundo no solo estaba moldeado por las oportunidades que ofrecía, sino también por las demandas que imponía. La posibilidad de estar siempre conectado y de acceder a información de manera instantánea trajo consigo una avalancha de estímulos que no siempre podíamos gestionar eficazmente. Las ventajas de la inmediatez y la conectividad se vieron opacadas por la creciente sensación de saturación, de estar abrumados por una cantidad infinita de datos, mensajes y notificaciones que, lejos de tranquilizarnos, nos mantenían en un estado de alerta constante.

La era digital, entonces, no solo cambió la manera en que interactuamos con la información, sino también la manera en que experimentamos el mundo. Nos brindó herramientas para mejorar nuestra vida, pero también nos expuso a una sobrecarga de estímulos sin precedentes, abriendo la puerta a una nueva realidad: el caos sensorial

La proliferación de estímulos

El rápido avance de la era digital no solo transformó la manera en que accedemos a la información, sino también el volumen y la frecuencia con la que esa información nos llega. Lo que comenzó como una herramienta para facilitar la comunicación y el acceso al conocimiento pronto se convirtió en una fuente inagotable de estímulos sensoriales. A medida que el entorno digital se expandía, también lo hacía la cantidad de elementos que competían por nuestra atención. Desde las incesantes notificaciones en nuestros teléfonos móviles hasta la constante avalancha de publicidad en cada rincón del ciberespacio, el mundo digital se convirtió en un torbellino de señales visuales, auditivas e incluso emocionales.

El acceso a Internet trajo consigo el surgimiento de plataformas y aplicaciones que alimentaban la cultura de la conectividad constante. Las redes sociales, que en un principio se crearon como medios para conectar a personas de todo el mundo, rápidamente se transformaron en algo mucho más complejo. Se convirtieron en centros de entretenimiento, consumo de noticias, marketing y, lo que es más importante, en el escenario perfecto para captar y explotar la atención de los usuarios. A medida que estas plataformas crecieron en popularidad, las empresas de publicidad vieron en ellas un campo fértil para implementar estrategias que maximizaban la exposición de sus productos. Así, la publicidad, que antes estaba limitada a los medios tradicionales como la televisión y las vallas publicitarias, encontró una nueva plataforma donde florecer: el ciberespacio.

Este cambio resultó en un crecimiento exponencial de estímulos visuales y auditivos que invadieron todos los aspectos de la vida diaria. A cada clic, deslizar de pantalla o interacción con las redes sociales, somos bombardeados por mensajes, imágenes y videos diseñados específicamente para capturar nuestra atención. Los algoritmos, que funcionan como motores invisibles detrás de las plataformas, ajustan el contenido en tiempo real para mantenernos conectados el mayor tiempo posible. Estos algoritmos no solo aprenden nuestras preferencias, sino que constantemente optimizan la forma en que se nos presentan los estímulos para asegurarse de que no dejemos de prestar atención.

La evolución del marketing digital ha sido una fuerza crucial detrás de esta proliferación. Las empresas, al ver la oportunidad de captar al usuario de manera más precisa que nunca, desarrollaron técnicas de segmentación extremadamente avanzadas. Cada anuncio, cada promoción, cada video es ajustado para alinearse con nuestros intereses, con la información que compartimos en línea y, en muchos casos, con nuestras emociones. La publicidad se personaliza, adaptándose a nuestros gustos y necesidades percibidas, con el único objetivo de maximizar la conversión, es decir, convertir nuestra atención en una acción: ya sea una compra, un clic, o simplemente más tiempo invertido en la plataforma.

Pero la publicidad no es el único frente en el que ocurre esta explosión de estímulos. Las redes sociales se alimentan también de la interacción humana. Cada publicación, cada "me gusta", cada comentario es un estímulo en sí mismo, diseñado para provocar una respuesta emocional. Cuantas más interacciones tengamos, más estímulos generamos, y más adictos nos volvemos al ciclo interminable de gratificación instantánea. El diseño mismo de las plataformas de redes sociales está cuidadosamente pensado para promover este comportamiento cíclico, apelando a nuestros deseos más fundamentales de conexión, validación y reconocimiento.

El diseño de los dispositivos también ha contribuido a esta sobrecarga sensorial. Los smartphones, en particular, son máquinas diseñadas para captar y retener nuestra atención. Su diseño intuitivo y fácil de usar nos invita a consultarlos constantemente. Las notificaciones que recibimos, ya sean mensajes de texto, alertas de redes sociales o noticias, están diseñadas para capturar nuestra mirada, producir una respuesta rápida y, lo más importante, mantenernos comprometidos. Cada notificación, cada pequeño sonido o vibración, desencadena una respuesta en nuestro cerebro que nos hace sentir la necesidad de responder o interactuar. A medida que esta interacción se hace más frecuente, también aumenta la cantidad de estímulos que experimentamos a diario.

La introducción del **contenido visual** en formatos como videos cortos, imágenes virales o memes ha exacerbado este fenómeno. Las plataformas de video, como YouTube y TikTok, se han vuelto fuentes inagotables de contenido que alimenta constantemente nuestra necesidad de entretenimiento rápido. Estos videos están diseñados para captar nuestra atención en cuestión de segundos, y en muchos casos, para estimularnos visualmente en cortos periodos de tiempo. Este tipo de contenido, que apela a nuestra naturaleza impulsiva, refuerza el ciclo de estímulos y gratificación inmediata. En solo unos minutos, podemos consumir decenas de videos, cada uno con su propia explosión de estímulos visuales y auditivos, manteniéndonos inmersos en un estado de alerta constante.

La **saturación publicitaria** es otro aspecto clave en esta proliferación de estímulos. A medida que el marketing digital creció, también lo hizo la competencia por nuestra atención. Las empresas luchan constantemente por destacar en un espacio donde miles de mensajes compiten entre sí. Este entorno ha llevado a la creación de técnicas publicitarias cada vez más intrusivas y llamativas. Anuncios que interrumpen nuestro contenido, videos que se reproducen automáticamente, banners que aparecen de repente, todos ellos diseñados con un único objetivo: captar nuestra atención de forma inmediata. Y este proceso no solo ocurre en el ámbito digital. Incluso cuando nos desplazamos por las ciudades, estamos rodeados de pantallas, anuncios luminosos, y una interminable sucesión de estímulos que compiten por nuestra atención.

La sobrecarga de estímulos no se limita únicamente a los aspectos visuales o auditivos. La era digital ha dado lugar a una saturación emocional que está profundamente ligada a la interacción constante en las redes sociales. Las plataformas sociales están diseñadas para generar respuestas emocionales, desde la gratificación de recibir "me gusta" y comentarios hasta la ansiedad que provoca la comparación constante con la vida editada de otros. Este bombardeo emocional no solo agota nuestra capacidad cognitiva, sino también nuestra estabilidad emocional. En lugar de proporcionarnos momentos de relajación o introspección, la sobrecarga sensorial genera un estado de excitación constante que, a largo plazo, afecta nuestro bienestar mental.

A medida que la cantidad de estímulos aumenta, nuestra capacidad para procesar todo ese contenido se reduce. Nos vemos obligados a tomar decisiones rápidas sobre qué información es relevante y qué puede ser descartada, lo que genera una fatiga cognitiva considerable. Esta fatiga no es simplemente una sensación de agotamiento mental, sino una incapacidad creciente para prestar atención a lo que realmente importa. Cada nueva notificación, cada nuevo anuncio, cada nuevo post compite por los mismos recursos mentales que utilizamos para concentrarnos, aprender o tomar decisiones importantes.

El entorno digital se ha convertido, en muchos sentidos, en una lucha por la atención humana, donde las empresas tecnológicas y publicitarias emplean recursos inmensos para maximizar el tiempo que pasamos inmersos en sus plataformas. Pero este exceso de estímulos no es solo una cuestión de marketing o redes sociales. El simple hecho de vivir en un entorno tan interconectado ha llevado a una dispersión de nuestra capacidad de atención, creando un ambiente donde es cada vez más difícil desconectar y centrarse en una tarea o en una interacción humana sin ser interrumpido.

La transición hacia el caos sensorial

El aumento exponencial de estímulos sensoriales, desde la publicidad hasta las redes sociales, ha hecho que nuestra capacidad para procesar la información esté completamente saturada. Hemos llegado a un punto en el que nuestra mente, diseñada para gestionar un número limitado de estímulos, se ve bombardeada continuamente por una cantidad masiva de información que desborda nuestra atención y capacidad de respuesta. Este fenómeno, que podríamos llamar "caos sensorial", no es solo un síntoma del mundo digital moderno, sino una nueva condición que afecta profundamente nuestro bienestar, nuestras relaciones y nuestra forma de vivir.

A medida que los estímulos sensoriales crecían en número e intensidad, la mente humana intentó adaptarse. Sin embargo, nuestra capacidad cognitiva tiene límites definidos. El cerebro puede procesar solo cierta cantidad de información en un momento dado, y cuando ese umbral se supera, se produce un efecto de "saturación cognitiva". En este estado, nuestro cerebro comienza a fragmentar la atención, a saltar de una tarea a otra sin profundidad, incapaz de enfocarse en algo durante un período prolongado. En lugar de trabajar con eficiencia, esta fragmentación nos lleva a un estado de dispersión constante, en el que intentamos gestionar múltiples estímulos a la vez, pero sin ser capaces de procesarlos completamente.

Este caos sensorial no solo afecta nuestra capacidad de concentración, sino que también altera nuestra percepción del mundo. Constantemente conectados, revisando notificaciones, saltando entre aplicaciones y consumiendo contenido a velocidades vertiginosas, nos volvemos incapaces de discernir entre lo que es relevante y lo que es trivial. Nos encontramos atrapados en una especie de torbellino sensorial en el que todo parece urgente, todo demanda nuestra atención inmediata, y sin embargo, pocas cosas logran quedarse en nuestra memoria o tener un impacto real en nosotros.

Una de las principales consecuencias de esta sobrecarga sensorial es la aparición de lo que los psicólogos llaman "fatiga por decisión". Cuando estamos expuestos a una cantidad abrumadora de opciones e información, el simple acto de tomar decisiones – desde qué leer o ver, hasta cómo interactuar o qué comprar – se convierte en una tarea agotadora. La fatiga por decisión no solo ralentiza nuestro proceso de pensamiento, sino que también nos lleva a sentirnos más estresados y menos satisfechos con nuestras elecciones, ya que la incertidumbre y el exceso de opciones nos paralizan.

Además, la transición hacia este caos sensorial ha afectado profundamente nuestra capacidad para experimentar el **silencio** y la **pausa**, elementos esenciales para el bienestar mental. El cerebro necesita momentos de calma y desconexión para procesar la información, consolidar recuerdos y restaurar su energía. Sin embargo, en el entorno moderno, estos momentos de tranquilidad se han vuelto cada vez más escasos. La omnipresencia de los dispositivos electrónicos y la conectividad constante han borrado prácticamente cualquier posibilidad de desconexión genuina. Incluso en momentos de descanso, nuestras mentes están ocupadas con notificaciones y estímulos que demandan nuestra atención, impidiendo cualquier tipo de reflexión profunda o descanso real.

Este estado constante de estímulo no solo afecta nuestra capacidad cognitiva, sino que también tiene repercusiones en nuestra salud emocional. El caos sensorial genera una sobrecarga emocional que muchas veces no es fácil de identificar a primera vista. Los estímulos sensoriales no solo nos cansan mentalmente, sino que también producen una sensación de ansiedad subyacente. Estamos constantemente "en alerta", esperando la próxima notificación, el siguiente mensaje, el siguiente estímulo que nos saque de nuestro presente inmediato. Esta hiperconectividad nos aleja de la posibilidad de estar presentes en el aquí y el ahora, lo que a su vez nos impide disfrutar plenamente de nuestras experiencias.

Lo paradójico de este caos sensorial es que, a pesar de estar constantemente rodeados de información, imágenes, sonidos y estímulos, nuestra capacidad de experimentar **plenitud** y **satisfacción** real ha disminuido. El hecho de que tengamos acceso a más información no significa que estemos más informados, ni que estemos más conectados con lo que verdaderamente importa. De hecho, muchos estudios han demostrado que, en lugar de acercarnos a una comprensión más profunda de nuestro entorno, el exceso de información nos hace sentir más confusos y desorientados.

Esto se debe, en parte, a que nuestro cerebro no está diseñado para gestionar la cantidad de estímulos a la que estamos expuestos en la era digital. A lo largo de la evolución humana, la información llegaba a nosotros de manera mucho más lenta y limitada. El cerebro se adaptó a procesar un número limitado de inputs sensoriales, y el exceso de información simplemente no tiene precedentes en nuestra historia evolutiva. Cuando nos vemos sobrepasados por estímulos sensoriales, el cerebro entra en un estado de **fatiga crónica**, lo que a su vez afecta nuestra capacidad para tomar decisiones racionales, regular nuestras emociones y mantenernos productivos.

En este contexto, la multitarea, que alguna vez fue vista como una habilidad valorada en el mundo moderno, ha revelado ser una ilusión que solo intensifica el caos sensorial. El cerebro humano no está diseñado para realizar múltiples tareas complejas simultáneamente. Cada vez que saltamos de una tarea a otra – ya sea revisar un correo electrónico, responder un mensaje, o leer un artículo –, estamos obligando a nuestro cerebro a "reiniciarse" repetidamente. Este constante cambio de enfoque genera una pérdida significativa de eficiencia cognitiva y un desgaste mental que solo refuerza la sensación de caos.

A nivel social, el caos sensorial también ha alterado la forma en que interactuamos con los demás. Las relaciones interpersonales, tanto en el ámbito personal como profesional, se ven afectadas por la dispersión de nuestra atención. Es común ver a personas que, aun estando físicamente presentes, están mentalmente ausentes, distraídas por las notificaciones y los dispositivos. Esta desconexión emocional y mental ha debilitado la capacidad para mantener conversaciones profundas y relaciones auténticas, ya que la atención fragmentada genera un distanciamiento progresivo entre las personas.

El **caos sensorial**, por tanto, no es solo un problema de percepción o atención; es un fenómeno que afecta nuestra vida en múltiples niveles. La sobrecarga de información no solo ha saturado nuestra capacidad de procesar datos, sino que también ha erosionado nuestra capacidad de estar presentes, de tomar decisiones claras y de mantener relaciones auténticas. El exceso de estímulos ha creado una atmósfera de dispersión constante que afecta tanto nuestra vida interna como nuestra interacción con el mundo que nos rodea.

Este nuevo estado de caos sensorial representa un desafío para la humanidad. A medida que avanzamos en este entorno cada vez más interconectado y sobreestimulado, nos enfrentamos a la necesidad urgente de encontrar formas de gestionar y equilibrar nuestra exposición a los estímulos. El caos sensorial no es solo un síntoma del exceso de información, sino una condición que está redefiniendo nuestra forma de existir en el mundo.

2

EL BOMBARDEO INCESANTE: INFORMACIÓN SIN FIN

C on la llegada de Internet y las redes sociales, la información pasó de ser un recurso limitado a estar disponible en cantidades casi infinitas. Sin embargo, más información no siempre equivale a más conocimiento. Este capítulo analiza la paradoja de la información: a medida que aumentan nuestras fuentes de datos, también lo hacen la confusión, la desinformación y la incapacidad de procesar todo lo que consumimos. Reflexionamos sobre cómo el acceso ilimitado nos ha llevado a una crisis de sobrecarga cognitiva, dificultando nuestra capacidad para tomar decisiones claras y sostener nuestra atención en lo que realmente importa.

La era de la información infinita

A medida que avanzamos en la era digital, una de las características más evidentes y transformadoras de este nuevo paradigma es el acceso ilimitado a la información. Si bien en el pasado el conocimiento era un recurso escaso, controlado por instituciones educativas, editoriales y gobiernos, hoy nos encontramos en un mundo donde la información está al alcance de todos con solo unos pocos clics. Este cambio, facilitado principalmente por Internet y las redes sociales, ha generado una verdadera inundación de contenido. Lo que antes estaba mediado por filtros y autoridades, ahora está disperso en un entorno digital donde cualquiera puede crear, compartir y acceder a datos y conocimiento en tiempo real.

El acceso a Internet ha democratizado la información, haciendo que millones de personas en todo el mundo puedan acceder a conocimientos que antes solo estaban disponibles para unos pocos privilegiados. Este avance, sin duda, ha tenido un impacto positivo en muchos aspectos de la sociedad. La información ya no está limitada por barreras geográficas o socioeconómicas, y esto ha permitido que las ideas se propaguen a una velocidad sin precedentes. Sin embargo, esta democratización también ha traído consigo una consecuencia no prevista: la infoxicación, o intoxicación por exceso de información.

El término "infoxicación" describe el estado de sobrecarga informativa que se produce cuando nos enfrentamos a una cantidad abrumadora de datos, noticias, opiniones y contenidos multimedia. En lugar de brindarnos una mayor claridad o comprensión, este exceso de información genera confusión, estrés y ansiedad. En lugar de facilitarnos el acceso a la verdad o a soluciones claras, nos encontramos inundados por una cantidad tan inmensa de contenido que resulta difícil, si no imposible, discernir lo relevante de lo irrelevante, lo cierto de lo falso.

Las redes sociales juegan un papel fundamental en esta era de la información infinita. Plataformas como Facebook, Twitter, Instagram y TikTok permiten a los usuarios compartir y consumir información a una velocidad y escala nunca antes vistas. Cada día se generan millones de publicaciones, videos y comentarios, y gran parte de este contenido está diseñado para captar nuestra atención de manera inmediata. Esto ha llevado a que las redes sociales se conviertan en una fuente primaria de noticias y entretenimiento para muchas personas, desplazando a los medios tradicionales como periódicos, radio y televisión.

Lo que en un principio parecía una evolución natural de la comunicación y el acceso a la información, pronto se convirtió en una avalancha incontrolable de estímulos. Las redes sociales no solo permiten la publicación masiva de contenido, sino que lo hacen de manera personalizada. Cada usuario recibe una versión única de la realidad, diseñada específicamente para sus gustos, preferencias y comportamientos pasados. Los algoritmos que gestionan estas plataformas están optimizados para mantenernos involucrados el mayor tiempo posible, presentándonos una corriente interminable de contenido que, a primera vista, parece ajustarse perfectamente a nuestras necesidades.

Sin embargo, este modelo de personalización tiene un costo. La burbuja de filtro es uno de los fenómenos más preocupantes que ha surgido en la era de la información infinita. A medida que los algoritmos seleccionan el contenido basado en nuestras interacciones previas, nos exponemos repetidamente a las mismas ideas, puntos de vista y temas, lo que refuerza nuestras creencias y nos aleja de la diversidad de opiniones. Esta burbuja crea un ecosistema cerrado, donde la disonancia cognitiva se reduce y, en muchos casos, desaparece. Nos encontramos atrapados en un círculo de retroalimentación donde solo recibimos información que confirma nuestras perspectivas, lo que limita nuestra capacidad de aprender, cuestionar o considerar alternativas.

A medida que el contenido en Internet se multiplica, también lo hace la desinformación. La facilidad con la que se puede crear y distribuir información en línea ha llevado a la proliferación de noticias falsas, teorías conspirativas y contenido malintencionado. La rapidez con la que se propagan estos contenidos y la dificultad para verificarlos en tiempo real hacen que el panorama informativo sea cada vez más complejo. A menudo, la desinformación no es solo un error o una omisión, sino que se presenta de manera deliberada, diseñada para manipular, engañar o influir en la opinión pública.

En este contexto, las redes sociales juegan un papel ambivalente. Por un lado, han facilitado la conectividad global y el acceso a información útil. Por otro, han generado un espacio donde el ruido informativo supera con creces la señal. Es decir, la cantidad de información irrelevante, engañosa o trivial eclipsa los datos útiles o verificados. Las plataformas, diseñadas para maximizar la atención y la interacción, no priorizan la calidad de la información, sino la cantidad de tiempo que el usuario permanece en la plataforma. Así, el contenido más atractivo visual o emocionalmente es el que se distribuye con mayor rapidez, sin importar su precisión.

Este fenómeno de saturación informativa también ha modificado profundamente nuestra relación con el tiempo y el espacio. Antes, las personas dedicaban momentos específicos del día para consumir información, ya fuera a través de la lectura de un periódico, la escucha de un programa de radio o la visualización de un informativo en televisión. Ahora, el contenido informativo fluye continuamente a través de nuestras pantallas. No hay una pausa, no hay un límite claro. Incluso cuando estamos en momentos de ocio, relajación o descanso, seguimos expuestos a un flujo constante de notificaciones, actualizaciones y nuevas publicaciones que demandan nuestra atención.

El acceso a la información infinita también ha transformado nuestras expectativas y nuestras capacidades cognitivas. En una era donde cualquier pregunta puede ser respondida instantáneamente por un motor de búsqueda, la paciencia y la búsqueda de respuestas profundas han sido reemplazadas por la gratificación inmediata. El simple acto de investigar, reflexionar y llegar a una conclusión propia ha sido sustituido por la facilidad de acceder a una respuesta predeterminada. Esta rapidez, aunque útil en muchos casos, ha reducido nuestra capacidad para procesar información de manera crítica, profundizando en los temas y cuestionando su validez.

Otra consecuencia de esta inundación de información es la ansiedad de estar desinformado, también conocida como FOMO (Fear of Missing Out). A medida que el volumen de contenido aumenta, también lo hace nuestra sensación de que siempre nos estamos perdiendo algo importante. Cada noticia que pasa desapercibida, cada tendencia que no seguimos, cada novedad que no consumimos genera una sensación de pérdida, de estar desconectados del flujo constante de acontecimientos. Esto no solo afecta nuestra salud mental, sino que también perpetúa un ciclo de consumo constante de información, ya que intentamos no quedarnos atrás en un mundo que se mueve a una velocidad vertiginosa.

El resultado es un entorno donde estamos atrapados en un ciclo de consumo y sobrecarga informativa que no tiene fin. La era de la información infinita ha cambiado radicalmente nuestra relación con el conocimiento y la verdad, creando una situación en la que el volumen de contenido supera nuestra capacidad de discernir lo que es realmente valioso. En lugar de estar más informados, nos encontramos cada vez más perdidos en un mar de datos sin contexto, atrapados en la superficie de una realidad que se mueve demasiado rápido como para ser comprendida plenamente.

La paradoja de la información

Vivimos en una época donde la cantidad de información disponible es prácticamente ilimitada. Cada segundo, Internet genera cantidades ingentes de datos que abarcan desde las últimas noticias hasta actualizaciones en redes sociales, investigaciones científicas, entretenimiento y anuncios publicitarios. Aparentemente, esto debería llevarnos a un estado de mayor claridad y entendimiento, donde el conocimiento es accesible para todos y donde las respuestas a nuestras preguntas están a solo un clic de distancia. Sin embargo, la realidad es mucho más compleja. A medida que aumenta la cantidad de información disponible, nos enfrentamos a una paradoja: más información no significa necesariamente más conocimiento o una mejor comprensión del mundo que nos rodea. En muchos casos, esta sobreabundancia de datos genera confusión, desinformación e incluso parálisis.

En un principio, el acceso instantáneo a la información fue visto como un logro revolucionario. En lugar de depender de fuentes limitadas y filtradas, las personas podían acceder a múltiples perspectivas, opiniones y hechos. Esto abrió un vasto terreno para el aprendizaje y la exploración. Sin embargo, el problema radica en que nuestra capacidad cognitiva no ha evolucionado al mismo ritmo que la tecnología. El cerebro humano, diseñado para procesar cantidades limitadas de información a la vez, se encuentra ahora bombardeado por una corriente continua de datos provenientes de múltiples fuentes. La capacidad de discernir entre lo importante y lo irrelevante se ve comprometida en un entorno donde todo parece urgente y relevante.

Esta **paradoja de la información** puede describirse como el punto en el que el exceso de datos comienza a generar el efecto opuesto al esperado. En lugar de ampliar nuestro conocimiento y mejorar nuestra capacidad de tomar decisiones, la abundancia de información nos abruma, nos hace sentir desorientados y, en última instancia, menos informados. En lugar de ayudarnos a avanzar hacia una mayor claridad, este torrente de datos nos sumerge en un estado de duda y confusión constante.

Uno de los aspectos clave de esta paradoja es que la información no siempre se presenta de manera estructurada o filtrada. En un entorno digital, donde cualquier persona puede compartir contenido, el volumen de datos no necesariamente está acompañado de criterios de verificación o calidad. A menudo, la información útil y verificada se mezcla con datos irrelevantes, incorrectos o incompletos. Sin una guía clara para distinguir lo verdadero de lo falso, lo importante de lo trivial, los usuarios se ven obligados a procesar cantidades masivas de información sin un mapa claro que los guíe. Esto genera una **sobrecarga cognitiva**, un estado en el que la mente simplemente no puede gestionar ni priorizar la cantidad de estímulos a los que se enfrenta.

Además, la falta de filtros adecuados para organizar esta información contribuye a la creación de **sesgos de confirmación**. En lugar de obtener una visión equilibrada y matizada de un tema, las personas tienden a buscar y consumir información que refuerce sus creencias preexistentes. Esto no solo limita el aprendizaje, sino que también crea una especie de "camara de eco" digital, donde las mismas ideas circulan y se amplifican, sin que se introduzcan nuevos datos o perspectivas que desafíen esas nociones preconcebidas. En lugar de ampliar el horizonte del conocimiento, el acceso ilimitado a la información puede restringirlo, atrapando a las personas en burbujas ideológicas donde se refuerzan los sesgos personales.

La paradoja se vuelve aún más evidente cuando consideramos la calidad de la información disponible. No toda la información en Internet es creada de manera igual. Mucho del contenido que consumimos ha sido generado con fines comerciales, diseñado para captar nuestra atención y mantenernos comprometidos el mayor tiempo posible. Esto significa que, en lugar de priorizar la precisión y la profundidad, gran parte de la información está estructurada para ser superficial, emocionalmente atractiva y fácilmente digerible. Las plataformas digitales no están diseñadas para fomentar el conocimiento profundo o el análisis crítico, sino para maximizar el tiempo de pantalla y la interacción. Como resultado, el usuario medio consume fragmentos de información descontextualizados, lo que contribuye a una sensación de conocimiento fragmentario y superficial.

Este fenómeno se amplifica con la **velocidad** a la que consumimos información. El ritmo frenético al que se actualizan las redes sociales y los medios de comunicación genera una expectativa de inmediatez. El ciclo de noticias 24/7, por ejemplo, exige constantemente contenido nuevo para mantener la atención del público. Esto no solo reduce el tiempo dedicado a la reflexión o el análisis profundo, sino que también genera una cultura de **urgencia** constante. Cada nuevo dato parece exigir una respuesta inmediata, y el tiempo para procesar y comprender completamente la información se ha reducido significativamente. La rapidez con la que la información fluye en este entorno crea una ilusión de conocimiento: sabemos más, pero entendemos menos.

Otro aspecto de esta paradoja es la idea de que **más opciones no siempre conducen a mejores decisiones**. La economía del comportamiento ha demostrado que, cuando las personas se enfrentan a una cantidad excesiva de opciones, su capacidad para tomar decisiones se ve comprometida. Esto es particularmente cierto en el entorno digital, donde el acceso a una cantidad infinita de fuentes y puntos de vista puede generar lo que se conoce como **parálisis por análisis**. Cuando estamos sobrecargados de datos, nos volvemos indecisos. En lugar de facilitarnos la elección, el exceso de información nos abruma hasta el punto en que nos cuesta seleccionar una fuente confiable o una opinión informada.

La confusión generada por este exceso de información no es solo un problema individual, sino que tiene implicaciones sociales más amplias. En un entorno saturado de datos, donde la desinformación y los rumores se propagan rápidamente, la capacidad de una sociedad para tomar decisiones colectivas informadas se ve comprometida. Los grandes volúmenes de información hacen más difícil discernir los hechos de la ficción, lo que puede erosionar la confianza en las instituciones y en las fuentes de conocimiento tradicionales. La **crisis de confianza** en los medios y en las instituciones expertas es, en parte, una consecuencia directa de esta paradoja de la información. Cuanto más datos tenemos a nuestro alcance, más difícil se vuelve saber en quién o en qué confiar.

En este sentido, la paradoja de la información también tiene una dimensión **emocional**. La confusión generada por la sobrecarga de información puede llevar a una sensación de impotencia y desorientación. Cuando nos enfrentamos a una cantidad inmanejable de datos contradictorios o confusos, es natural sentir ansiedad o frustración. Esta sensación de desconcierto es el resultado de nuestra incapacidad para procesar y estructurar el flujo constante de estímulos, lo que puede afectar nuestro bienestar psicológico y emocional.

La paradoja de la información nos enfrenta a un desafío único en la historia de la humanidad. Nunca antes habíamos tenido acceso a tanta información de manera tan rápida y accesible, y sin embargo, esta misma abundancia está creando una nueva forma de ignorancia: una ignorancia marcada no por la falta de información, sino por la incapacidad de procesar y comprender el aluvión de datos que se nos presentan. Esta situación nos obliga a reconsiderar nuestras estrategias para consumir y procesar información en un mundo donde lo importante y lo irrelevante están entrelazados de manera inseparable.

Este fenómeno plantea una pregunta crucial: ¿cómo podemos navegar en este mar de información infinita sin perder nuestra capacidad para discernir lo que es verdaderamente valioso? La respuesta no es sencilla, pero lo que está claro es que la sobrecarga informativa requiere un enfoque más consciente y deliberado para evitar que la cantidad eclipse la calidad, y que la búsqueda de conocimiento no se pierda en el caos de la información superficial.

Infobesidad y el coste de la sobrecarga

A medida que avanzamos en la era digital, uno de los fenómenos más preocupantes que ha surgido es la **infobesidad**, un término que hace referencia a la acumulación excesiva de información, mucho más allá de lo que nuestras capacidades cognitivas pueden manejar. Al igual que la obesidad física es el resultado de consumir más calorías de las que el cuerpo puede procesar, la infobesidad ocurre cuando consumimos más datos e información de los que nuestra mente puede asimilar y utilizar de manera efectiva. Este exceso tiene un coste alto, tanto a nivel cognitivo como emocional, y representa una de las principales consecuencias de la sobrecarga informativa en la era digital.

El ser humano ha evolucionado para procesar un flujo limitado de estímulos e información. En el pasado, la cantidad de datos a los que teníamos acceso era mucho más controlada. Nuestras decisiones estaban basadas en un número reducido de opciones, y el tiempo para asimilar y reflexionar sobre la información era mayor. Sin embargo, la era digital ha trastocado esta relación. Hoy, con la avalancha de contenido disponible en Internet y las redes sociales, somos bombardeados constantemente por datos, desde noticias y actualizaciones hasta mensajes publicitarios y notificaciones personales. Esta sobrecarga no solo afecta nuestra capacidad para concentrarnos, sino que también tiene un impacto directo en nuestra salud mental y emocional.

Uno de los principales problemas de la infobesidad es que el cerebro humano no está diseñado para manejar este tipo de sobrecarga informativa. El volumen de información que recibimos diariamente supera con creces nuestra capacidad para procesarla de manera adecuada. A medida que intentamos consumir todo lo que aparece en nuestras pantallas, entramos en un estado de **sobrecarga cognitiva**. Este término describe el agotamiento mental que sentimos cuando tratamos de procesar demasiados datos en poco tiempo, lo que lleva a una disminución de nuestra capacidad para tomar decisiones, concentrarnos y retener información.

El impacto de la sobrecarga cognitiva es evidente en muchas áreas de nuestra vida. Por ejemplo, en el trabajo, donde constantemente revisamos correos electrónicos, mensajes instantáneos y documentos, muchas personas informan sentirse abrumadas e incapaces de enfocarse en una sola tarea durante períodos prolongados. Cada notificación o interrupción fragmenta nuestra atención, lo que disminuye nuestra productividad y aumenta los niveles de estrés. A largo plazo, este tipo de dispersión cognitiva no solo nos hace menos eficientes, sino que también genera un estado de ansiedad constante.

Además de los problemas relacionados con la concentración, la infobesidad también afecta nuestra capacidad para tomar decisiones. El **síndrome de la parálisis por análisis** es un fenómeno común en la era digital, donde la cantidad excesiva de opciones e información a nuestra disposición nos paraliza. En lugar de tomar decisiones rápidas y eficientes, nos vemos atrapados en un ciclo interminable de evaluación y reconsideración de las opciones, lo que retrasa nuestras acciones y genera frustración. Este exceso de análisis no solo consume tiempo, sino que también afecta nuestra confianza en las decisiones que finalmente tomamos, ya que siempre queda la sensación de que podríamos haber pasado por alto algo importante.

A nivel emocional, la infobesidad también tiene un coste significativo. La sobrecarga de información está estrechamente relacionada con el aumento de los niveles de **ansiedad** y **estrés** en la población moderna. En lugar de sentirnos más informados y empoderados, el exceso de información tiende a generar una sensación de caos y falta de control. La incapacidad para procesar todo lo que nos llega a través de nuestros dispositivos electrónicos nos deja en un estado de alerta constante, siempre sintiendo que estamos a punto de perdernos algo importante o que no estamos lo suficientemente actualizados. Esta presión por estar constantemente informados no solo afecta nuestro bienestar mental, sino que también interfiere con nuestra capacidad para disfrutar de momentos de calma y desconexión.

Otra consecuencia emocional de la infobesidad es la aparición de lo que algunos expertos llaman **fatiga informativa**. Este estado se caracteriza por una sensación de agotamiento ante la abrumadora cantidad de datos que recibimos a diario. Nos sentimos tan saturados de información que, en muchos casos, optamos por desconectar por completo o evitamos enfrentarnos a nuevas fuentes de información, incluso cuando estas son necesarias o importantes. La fatiga informativa no solo afecta nuestra motivación para buscar nuevas ideas o aprender, sino que también puede llevar a una sensación de apatía y desconexión, lo que en última instancia reduce nuestra capacidad para tomar decisiones informadas.

El fenómeno de la infobesidad también está estrechamente vinculado a los cambios en nuestras **relaciones sociales**. El acceso constante a la información y la proliferación de las redes sociales han creado una dinámica en la que la vida de los demás se convierte en un flujo constante de datos a nuestro alcance. Esto puede llevar a una sobreexposición de nuestras interacciones y, en algunos casos, a una comparación constante con los demás. Las redes sociales, que muestran versiones cuidadosamente seleccionadas de la vida de las personas, refuerzan la idea de que siempre estamos "perdiendo algo" o que no estamos viviendo lo suficiente. Este tipo de comparación social puede tener efectos devastadores en nuestra autoestima y bienestar emocional, generando sentimientos de insatisfacción, ansiedad y depresión.

Además, el acceso ilimitado a la información y el contenido visual puede distorsionar nuestra **percepción del tiempo**. Nos encontramos consumiendo contenido de manera compulsiva, y la capacidad de desconectar se ve mermada. Las plataformas digitales están diseñadas para mantenernos comprometidos, con algoritmos que seleccionan cuidadosamente el siguiente artículo, video o imagen para prolongar nuestra interacción. Esta dinámica de consumo constante nos aleja de momentos de tranquilidad y reflexión, y distorsiona nuestra capacidad para estar presentes en el momento actual. En lugar de disfrutar de experiencias de manera plena, estamos siempre pensando en lo que viene a continuación, lo que nos lleva a una desconexión emocional y cognitiva con la realidad.

A nivel más profundo, la infobesidad también tiene un impacto en nuestra **capacidad para desarrollar un pensamiento crítico**. En lugar de profundizar en un tema, el exceso de información nos lleva a una forma de consumo más superficial, donde se priorizan los fragmentos rápidos y las respuestas inmediatas. Esto crea una ilusión de conocimiento, donde creemos que estamos informados simplemente porque hemos sido expuestos a muchos datos, cuando en realidad no hemos tenido el tiempo ni el espacio para procesar y reflexionar sobre lo que hemos aprendido. La información sin contexto o sin una estructura clara puede ser más confusa que útil, y en muchos casos, nos deja con más preguntas que respuestas.

Este coste cognitivo y emocional se agrava cuando consideramos que, en la era digital, **no hay escapatoria**. La infobesidad no es un problema que se resuelva con facilidad, ya que la información es una constante en nuestras vidas. Desde que despertamos hasta que nos vamos a dormir, estamos rodeados de pantallas y dispositivos que nos inundan con datos. El simple hecho de desconectarse por completo puede generar una sensación de ansiedad, ya que estamos tan acostumbrados a la constante afluencia de información que la idea de estar "desconectados" puede parecer abrumadora.

El coste de la infobesidad no solo afecta a individuos, sino que también tiene un impacto a nivel social. Las decisiones colectivas, ya sean en el ámbito político, económico o cultural, se ven afectadas por la sobrecarga de información. La dificultad para procesar y discernir entre fuentes confiables y la desinformación, combinada con la fatiga informativa, reduce nuestra capacidad para tomar decisiones informadas como sociedad. Esto puede llevar a una erosión de la confianza en las instituciones y una mayor polarización, ya que las personas recurren a fuentes de información que refuerzan sus propias creencias en lugar de buscar puntos de vista diversos y equilibrados.

A medida que seguimos navegando en esta era de información infinita, la infobesidad representa uno de los mayores desafíos cognitivos y emocionales a los que nos enfrentamos. El acceso ilimitado a la información, lejos de empoderarnos, nos ha dejado abrumados, confundidos y agotados. La solución no radica en reducir el flujo de información, algo que parece imposible en el mundo actual, sino en aprender a gestionar mejor nuestra exposición a los datos y priorizar la calidad sobre la cantidad.

3

EL CEREBRO EN ESTADO DE ALERTA PERMANENTE

Nuestro cerebro, diseñado para adaptarse a entornos naturales de estímulos moderados, se encuentra hoy en día bombardeado por una cantidad de información sin precedentes. En este capítulo, exploramos cómo la constante exposición a estímulos digitales afecta el funcionamiento neurológico, poniendo al cerebro en un estado de alerta permanente. Desde la erosión de nuestra capacidad de concentración hasta el impacto en la toma de decisiones y la memoria, veremos cómo esta sobreestimulación está alterando la plasticidad cerebral y nuestras respuestas emocionales, cambiando la manera en que experimentamos el mundo.

Cómo funciona el cerebro en reposo vs en sobreestimulación

El cerebro humano es una máquina increíblemente compleja que ha evolucionado durante milenios para manejar de manera eficiente las necesidades de supervivencia, adaptarse a cambios ambientales y procesar una cantidad limitada de estímulos sensoriales en un momento dado. En su estado de reposo, el cerebro se encuentra en un equilibrio natural: conserva energía, procesa la información que ha recibido durante el día y se prepara para los desafíos futuros. Sin embargo, en el mundo moderno, donde estamos constantemente bombardeados por estímulos digitales, este equilibrio se ha visto perturbado. Para entender mejor el impacto de esta sobreestimulación, es esencial examinar cómo funciona el cerebro en su estado normal de reposo y cómo responde cuando se ve sobrecargado por estímulos constantes.

El cerebro en **reposo**, en términos neurológicos, está lejos de estar inactivo. De hecho, incluso cuando no estamos centrados en una tarea concreta, el cerebro está muy activo, organizando la información y fortaleciendo las conexiones neuronales. Esto ocurre gracias a lo que los neurocientíficos llaman la **Red Neuronal por Defecto** (Default Mode Network o DMN, en inglés), un sistema que se activa cuando no estamos concentrados en el entorno externo. La DMN juega un papel crucial en la consolidación de la memoria, la introspección y la planificación futura. Es el estado en el que el cerebro reflexiona, organiza recuerdos y pensamientos, y refuerza el aprendizaje.

En este estado de reposo, el cerebro también recupera energía. Dado que el cerebro es un órgano que consume aproximadamente el 20% de la energía del cuerpo, necesita tiempo para recargarse después de periodos de alta actividad. Este proceso de recarga y organización es vital para mantener una buena salud mental y cognitiva. Sin embargo, cuando se interrumpe este equilibrio mediante una estimulación continua, el cerebro no tiene la oportunidad de "reiniciar", lo que genera una sobrecarga que afecta tanto la cognición como el bienestar emocional.

Cuando el cerebro está **sobreestimulado**, su respuesta es muy diferente. En lugar de entrar en la Red Neuronal por Defecto para procesar información y restablecer el equilibrio, el cerebro entra en un estado de alerta constante. Este estado de sobreestimulación activa áreas del cerebro responsables de la respuesta al estrés, como la **amígdala**, que desempeña un papel clave en la reacción emocional y en la percepción del peligro. Este estado de "hiperalerta" es útil en situaciones de emergencia, cuando el cuerpo necesita movilizar todos sus recursos para enfrentar una amenaza inmediata. Sin embargo, cuando esta respuesta se activa continuamente debido a la sobrecarga de estímulos, el cerebro entra en un estado crónico de alerta que, a largo plazo, resulta agotador y dañino.

La **sobreestimulación sensorial** ocurre cuando el cerebro recibe más información de la que puede procesar eficazmente. En el contexto de la era digital, esto puede suceder cuando estamos expuestos a múltiples pantallas, notificaciones constantes, videos de rápida sucesión, y la necesidad de saltar rápidamente entre tareas. Cada uno de estos estímulos compite por la atención del cerebro, forzando a que se "resetee" y enfoque en cada nueva tarea o fragmento de información. A medida que el cerebro lucha por mantenerse al día, comienza a entrar en un ciclo de fatiga cognitiva. La atención se dispersa, la memoria a corto plazo se ve afectada y la capacidad para concentrarse en una tarea durante un periodo prolongado disminuye drásticamente.

Un aspecto interesante del cerebro sobreestimulado es el **consumo de dopamina**, el neurotransmisor relacionado con el placer y la recompensa. Cada vez que recibimos una notificación, un "me gusta" en una red social o una nueva actualización de información, nuestro cerebro libera una pequeña cantidad de dopamina, lo que refuerza el comportamiento de buscar más estímulos. Este ciclo de gratificación inmediata crea un estado constante de búsqueda de nuevas recompensas, lo que mantiene al cerebro en un ciclo perpetuo de estimulación. Aunque la dopamina en pequeñas dosis es beneficiosa, su exceso puede ser contraproducente, contribuyendo a la sobrecarga y al agotamiento.

La **respuesta del cerebro** a la sobreestimulación también incluye la activación del **sistema simpático**, la parte del sistema nervioso que prepara el cuerpo para la acción, a menudo conocida como la respuesta de "lucha o huida". En situaciones de estrés o peligro real, este sistema es vital para la supervivencia, ya que acelera el ritmo cardíaco, aumenta la presión arterial y mejora la atención a corto plazo. Sin embargo, en un contexto de sobrecarga sensorial constante, este sistema se activa sin una amenaza física real. El resultado es un estado prolongado de estrés y fatiga. El cerebro, incapaz de diferenciar entre una amenaza física real y el exceso de estímulos digitales, responde de la misma manera, manteniéndonos en un estado de alerta crónica que afecta la calidad del sueño, el estado de ánimo y la capacidad de tomar decisiones.

La **fatiga por decisión** es otro efecto directo de la sobreestimulación. Cuando el cerebro está en un estado de sobrecarga, se enfrenta a más decisiones de las que puede gestionar de manera efectiva. Cada vez que el cerebro procesa una notificación, un correo electrónico o incluso la elección de qué video ver en una plataforma de streaming, está utilizando su capacidad cognitiva. En situaciones normales, el cerebro es muy eficiente para gestionar estas decisiones, pero cuando se enfrenta a un número excesivo de ellas, entra en un estado de agotamiento. La fatiga por decisión reduce nuestra capacidad para tomar decisiones informadas y racionales, y nos lleva a optar por soluciones más rápidas y menos meditadas, lo que puede tener consecuencias negativas en nuestro rendimiento diario.

Además de los impactos cognitivos, la **sobrecarga sensorial** afecta nuestras emociones y nuestra capacidad para gestionar el estrés. El cerebro sobreestimulado no solo tiene dificultades para procesar la información, sino que también pierde la capacidad de regular adecuadamente las emociones. Esto puede llevar a un aumento de la ansiedad, la irritabilidad y, en casos más severos, a síntomas depresivos. La sobrecarga de estímulos genera una sensación de estar constantemente bajo presión, lo que afecta la forma en que experimentamos el mundo, las relaciones personales y nuestra sensación general de bienestar.

El contraste entre el cerebro en reposo y el cerebro sobreestimulado es evidente en estudios de neuroimagen. Cuando el cerebro está en reposo, las áreas responsables de la creatividad, la reflexión y el procesamiento emocional se activan de manera armoniosa, facilitando la introspección y la resolución de problemas complejos. Sin embargo, cuando el cerebro está sobreestimulado, estas áreas se ven desplazadas por la activación de regiones relacionadas con la atención a corto plazo, la respuesta al estrés y la gratificación inmediata. Este cambio en la activación cerebral dificulta la capacidad para centrarse en tareas a largo plazo y afecta la capacidad para pensar críticamente.

Es importante entender que el cerebro necesita momentos de reposo, no solo para recargar energía, sino también para reorganizar la información y prepararse para nuevos desafíos. En la era digital, donde el acceso a estímulos es constante, es esencial crear espacios de desconexión que permitan al cerebro volver a su estado de reposo natural. Solo entonces puede recuperar su capacidad para procesar la información de manera efectiva, mantener la salud emocional y gestionar el estrés de manera equilibrada.

El impacto de la sobreexposición sensorial

En la era digital, la sobreexposición sensorial se ha convertido en una condición casi inevitable. Nuestras mentes están continuamente bombardeadas con estímulos, desde notificaciones en nuestros teléfonos hasta el flujo constante de información en redes sociales, correos electrónicos y medios de comunicación. Esta acumulación incesante de datos no solo afecta nuestra capacidad de atención, sino que también deteriora nuestra capacidad de tomar decisiones de manera eficaz. El cerebro, diseñado para procesar cantidades limitadas de información, se ve abrumado por este exceso, lo que provoca una serie de consecuencias cognitivas y emocionales.

La **atención**, uno de los recursos más valiosos del cerebro, es especialmente vulnerable a la sobrecarga sensorial. Cuando estamos expuestos a múltiples estímulos simultáneamente, nuestra capacidad para concentrarnos en una tarea específica se fragmenta. El cerebro, en lugar de centrarse en una sola actividad, se ve obligado a dividir su atención entre varios puntos de interés. Esto no solo reduce la eficacia de nuestro enfoque, sino que también aumenta el tiempo necesario para completar una tarea, dado que el cerebro debe reiniciar el proceso cada vez que cambia de estímulo. La multitarea, un comportamiento común en la era digital, ha demostrado ser ineficaz precisamente por este motivo: el cerebro humano no está diseñado para realizar varias tareas cognitivamente exigentes al mismo tiempo.

Estudios científicos respaldan esta afirmación. Un famoso estudio de Clifford Nass, profesor de la Universidad de Stanford, mostró que las personas que habitualmente realizan múltiples tareas en medios digitales (como ver televisión mientras revisan el correo electrónico o las redes sociales) son menos eficientes para filtrar la información irrelevante, y tienen mayores dificultades para cambiar de tarea de manera eficaz. Este deterioro de la atención afecta no solo al rendimiento laboral o académico, sino también a las interacciones personales y al bienestar general. El cerebro se acostumbra a operar en un estado de atención dividida, lo que impide la concentración profunda y reduce la capacidad para mantener la atención en una sola tarea durante periodos prolongados.

La sobreexposición sensorial también afecta la capacidad del cerebro para **tomar decisiones**. Cuando el cerebro está sobrecargado de información, entra en un estado conocido como **fatiga cognitiva**. En este estado, nuestra capacidad para procesar y evaluar adecuadamente las opciones disponibles disminuye significativamente. En lugar de tomar decisiones basadas en un análisis racional y considerado, tendemos a optar por soluciones rápidas y poco meditadas. Esta falta de claridad se debe a que el cerebro, al estar abrumado por estímulos, no tiene el espacio necesario para reflexionar sobre las consecuencias de cada opción. Este fenómeno es especialmente evidente en entornos laborales donde se requiere tomar decisiones complejas bajo presión constante de información.

Un estudio realizado por el **Instituto Max Planck** en Alemania analizó cómo el exceso de información afecta la toma de decisiones. Los investigadores encontraron que, cuando las personas se enfrentan a demasiadas opciones, su capacidad para tomar una decisión se ve paralizada. En lugar de considerar todas las alternativas de manera equilibrada, los sujetos del estudio tendían a evitar tomar decisiones o elegían opciones menos beneficiosas simplemente para evitar el agotamiento cognitivo. Este fenómeno, conocido como "parálisis por análisis", ilustra claramente cómo la sobrecarga de estímulos puede dificultar la capacidad de decisión, generando ansiedad y frustración.

El impacto de la sobreexposición sensorial en el cerebro no se limita a la atención y la toma de decisiones; también afecta la **memoria**. La **memoria de trabajo**, el sistema cognitivo que nos permite retener y manipular información en tiempo real, es extremadamente sensible a la cantidad de información que procesamos en un momento dado. Cuando estamos sobrecargados de estímulos, la memoria de trabajo se satura rápidamente, lo que impide que podamos almacenar nueva información de manera eficaz. En lugar de retener los detalles importantes, el cerebro se ve obligado a eliminar datos irrelevantes o a olvidar lo que acabamos de aprender.

En un estudio publicado en la revista **Nature Neuroscience**, investigadores descubrieron que el exceso de estímulos sensoriales afecta negativamente la capacidad del cerebro para consolidar la información. Los participantes del estudio que fueron expuestos a una sobrecarga de estímulos sensoriales mostraron una disminución en la capacidad para recordar detalles importantes después de una tarea, en comparación con aquellos que realizaron la misma tarea en un entorno con menos distracciones. Este hallazgo resalta cómo la sobreestimulación no solo fragmenta la atención, sino que también socava la capacidad del cerebro para formar recuerdos duraderos.

Otro efecto preocupante de la sobreexposición sensorial es el **estrés crónico**. Cuando el cerebro se ve abrumado por demasiados estímulos, se activa la **amígdala**, una región cerebral involucrada en la respuesta al estrés y las emociones. Esta activación constante lleva a un aumento en los niveles de cortisol, la hormona del estrés, lo que puede tener efectos devastadores en la salud mental y física a largo plazo. El estrés crónico, generado por la incapacidad del cerebro para desconectar y relajarse, está relacionado con una amplia gama de problemas de salud, que incluyen trastornos de ansiedad, depresión, problemas de sueño e incluso enfermedades cardiovasculares.

El impacto de la sobrecarga sensorial en el bienestar emocional también es significativo. La **fatiga emocional** es una consecuencia común de estar expuesto a demasiados estímulos durante un periodo prolongado. Cuando el cerebro no tiene la oportunidad de procesar y recuperar su equilibrio natural, nuestras emociones se vuelven más volátiles y difíciles de controlar. Es más probable que nos sintamos irritables, frustrados o abrumados, incluso ante situaciones que normalmente no generarían esas respuestas. Esta fatiga emocional puede tener un impacto negativo en nuestras relaciones personales y profesionales, ya que se vuelve difícil mantener la calma y la paciencia cuando nuestra mente está constantemente saturada.

La **fragmentación de la atención** y la **dispersión cognitiva** causadas por la sobrecarga de estímulos también están relacionadas con una disminución en la capacidad de disfrutar de actividades que requieren un enfoque sostenido. La lectura, por ejemplo, es una actividad que se ve gravemente afectada por la sobreexposición sensorial. Muchos estudios han demostrado que la capacidad de concentración profunda, conocida como **lectura profunda**, ha disminuido en la población general debido a la exposición constante a fragmentos cortos de información, como los que se consumen en redes sociales y aplicaciones de mensajería. En lugar de poder sumergirnos en una lectura prolongada y reflexiva, nuestros cerebros se han adaptado a procesar información de manera rápida y superficial.

En un contexto más amplio, la sobreexposición sensorial también afecta nuestra capacidad para **estar presentes** en el momento. La saturación de estímulos crea una dependencia de la novedad, lo que significa que constantemente buscamos nuevos estímulos para mantenernos comprometidos. Esta búsqueda perpetua de lo "nuevo" genera un ciclo de distracción que nos aleja del presente, haciendo que sea difícil disfrutar de actividades simples o de momentos de calma. Este fenómeno es particularmente evidente en situaciones sociales, donde el uso excesivo de dispositivos móviles interfiere con nuestra capacidad para conectar auténticamente con los demás.

En resumen, la sobreexposición sensorial tiene un impacto profundo y multifacético en el cerebro. Deteriora nuestra capacidad de concentración, reduce la eficiencia en la toma de decisiones, afecta la memoria y eleva los niveles de estrés. Además, socava nuestro bienestar emocional y nuestra capacidad para estar presentes en el momento. A medida que la era digital sigue avanzando, es esencial que tomemos conciencia de estos efectos y busquemos maneras de proteger nuestra salud cognitiva y emocional ante la avalancha de estímulos a la que estamos expuestos.

Las consecuencias a largo plazo

El cerebro humano tiene una capacidad extraordinaria para adaptarse a los cambios y aprender de las experiencias. Esta capacidad, conocida como **plasticidad cerebral**, permite que el cerebro se reorganice y ajuste sus conexiones neuronales en respuesta a nuevos estímulos, aprendizajes y entornos. Sin embargo, esta plasticidad no siempre es beneficiosa cuando se enfrenta a la sobrecarga sensorial y a la exposición constante a estímulos digitales. Con el tiempo, la exposición ininterrumpida a una avalancha de estímulos puede generar **cambios estructurales y funcionales** en el cerebro que afectan profundamente nuestra salud cognitiva y emocional.

Uno de los principales aspectos de la plasticidad cerebral es que permite al cerebro crear y fortalecer conexiones neuronales a medida que se expone a nuevas experiencias. Sin embargo, cuando el cerebro se enfrenta a una sobrecarga de información sensorial y a la necesidad constante de procesar estímulos, comienza a reconfigurarse de manera que prioriza la gestión de estos estímulos por encima de otros procesos cognitivos más profundos, como la concentración prolongada o la reflexión crítica. Esto puede resultar en cambios estructurales en el cerebro que afectan la capacidad para gestionar el estrés, la atención y la memoria.

La **exposición prolongada a estímulos digitales** afecta particularmente a la corteza prefrontal, la región del cerebro responsable de funciones como la planificación, la toma de decisiones, la regulación emocional y la atención. Cuando el cerebro está en un estado constante de alerta debido a la sobrecarga de información, la corteza prefrontal se ve obligada a responder a una sucesión interminable de interrupciones, lo que afecta su capacidad para mantener el enfoque en tareas más complejas. Estudios en neurociencia han demostrado que la multitarea digital y la exposición constante a notificaciones disminuyen la densidad de la materia gris en esta área, lo que se traduce en una capacidad reducida para gestionar tareas cognitivas de alto nivel.

En un estudio realizado por **Kühn y Gallinat** (2014), se encontró que el uso excesivo de dispositivos digitales, particularmente aquellos relacionados con el consumo de redes sociales y videojuegos, está vinculado a una reducción del volumen de la materia gris en la corteza prefrontal. Esta disminución afecta la capacidad para tomar decisiones informadas y controlar los impulsos, lo que genera una tendencia a buscar gratificación instantánea y a reaccionar de manera emocional ante los estímulos en lugar de responder de manera racional. Estos cambios en la estructura cerebral son indicativos de cómo la exposición constante a estímulos no solo afecta la funcionalidad momentánea del cerebro, sino que también altera su estructura a largo plazo.

Además de los cambios en la corteza prefrontal, otra área del cerebro que se ve afectada por la sobreexposición a estímulos es el **hipocampo**, la región asociada con la memoria y el aprendizaje. La capacidad del hipocampo para consolidar recuerdos a largo plazo y facilitar el aprendizaje se ve comprometida cuando el cerebro está en un estado constante de sobreestimulación. En lugar de procesar y almacenar de manera efectiva la información, el cerebro prioriza la gestión de los estímulos entrantes, lo que reduce su capacidad para crear recuerdos duraderos. Esto explica por qué las personas que están constantemente expuestas a notificaciones y múltiples fuentes de información suelen tener problemas para recordar detalles importantes o retener información a largo plazo.

La sobreestimulación también altera el equilibrio entre las redes neuronales que controlan los **modos de atención**. Existen dos sistemas principales en el cerebro que regulan nuestra atención: el **sistema de atención ejecutiva**, que se encarga de la concentración sostenida en tareas cognitivas, y el **sistema de atención por defecto**, que se activa cuando nuestra mente divaga o está en reposo. La exposición constante a estímulos, como las notificaciones de los dispositivos móviles, interfiere con la capacidad del cerebro para cambiar de manera fluida entre estos dos sistemas. Esto genera un estado en el que el cerebro está perpetuamente enfocado en los estímulos inmediatos, lo que impide la atención prolongada en actividades que requieren más esfuerzo mental, como la lectura profunda o la resolución de problemas complejos.

Un estudio realizado por **University College London** demostró que la exposición constante a estímulos digitales afecta la red neuronal por defecto, que se activa cuando el cerebro está en reposo o en estado de reflexión. Los sujetos que pasaban grandes cantidades de tiempo expuestos a estímulos digitales mostraron una reducción en la capacidad de su red neuronal por defecto para activarse plenamente, lo que afecta la creatividad, la introspección y la capacidad de generar ideas nuevas. En otras palabras, la sobreestimulación no solo afecta nuestra capacidad de atención, sino que también limita nuestra habilidad para reflexionar y generar soluciones innovadoras.

Otra consecuencia significativa de la exposición prolongada a estímulos es la **erosión de la memoria de trabajo**. La memoria de trabajo es el sistema que nos permite retener y manipular información en tiempo real, y juega un papel crucial en la toma de decisiones y la resolución de problemas. Cuando el cerebro está constantemente bombardeado por estímulos, la memoria de trabajo se satura rápidamente, lo que afecta nuestra capacidad para retener información reciente y realizar múltiples tareas complejas. Esto genera una fragmentación cognitiva, donde la mente lucha por mantener una visión coherente y lineal de las tareas, lo que lleva a errores, olvidos y una mayor dificultad para organizar pensamientos.

Además de los cambios estructurales, la exposición prolongada a estímulos afecta el **sistema de recompensa** del cerebro. La dopamina, el neurotransmisor relacionado con la recompensa y la motivación, juega un papel central en cómo el cerebro responde a los estímulos placenteros. Cada vez que recibimos una notificación, completamos una tarea o interactuamos en redes sociales, el cerebro libera dopamina, lo que refuerza el comportamiento. Sin embargo, el problema radica en que la sobreexposición a estímulos genera una **desensibilización del sistema dopaminérgico**, lo que significa que el cerebro comienza a necesitar cada vez más estímulos para experimentar la misma sensación de recompensa. Esto contribuye a la búsqueda compulsiva de gratificación instantánea, lo que a su vez refuerza el ciclo de sobreexposición.

Este fenómeno ha sido ampliamente estudiado en el contexto de la adicción digital, donde las personas experimentan una necesidad creciente de interactuar con sus dispositivos para sentir satisfacción. Un estudio realizado por el **National Institute on Drug Abuse** encontró que el uso excesivo de redes sociales y la exposición constante a estímulos digitales activan los mismos circuitos cerebrales que se ven involucrados en las adicciones, como la adicción a las drogas. Esta activación crónica del sistema de recompensa afecta la capacidad del cerebro para encontrar satisfacción en actividades menos estimulantes, lo que puede llevar a un deterioro en la calidad de vida y en la salud mental.

A largo plazo, los **cambios en la plasticidad cerebral** debido a la exposición constante a estímulos digitales no solo afectan las capacidades cognitivas, sino que también tienen un impacto significativo en el bienestar emocional. La **ansiedad crónica** y los **trastornos del estado de ánimo** son comunes entre las personas que están expuestas constantemente a la sobrecarga sensorial. El cerebro, incapaz de desconectar y encontrar un estado de reposo adecuado, comienza a operar en un estado de alerta constante que afecta el sueño, el equilibrio emocional y la capacidad para relajarse. Este estado prolongado de estrés contribuye a la aparición de problemas psicológicos como la depresión, la irritabilidad y la fatiga crónica.

La **neuroplasticidad** es tanto un don como una maldición en el contexto de la sobreexposición sensorial. Aunque el cerebro puede adaptarse a nuevos entornos y estímulos, cuando esta adaptación ocurre en un contexto de sobrecarga sensorial, los cambios pueden ser perjudiciales. Las conexiones neuronales que facilitan la concentración profunda y el pensamiento crítico se debilitan, mientras que las que refuerzan la gratificación instantánea y la distracción se fortalecen. Esto genera un círculo vicioso, donde el cerebro se vuelve cada vez más dependiente de estímulos rápidos y fugaces, mientras pierde la capacidad para realizar tareas cognitivas más exigentes y gratificantes.

4

ESTRÉS Y ANSIEDAD: EL PRECIO OCULTO

E l aumento de los estímulos sensoriales no solo impacta nuestro cerebro, sino también nuestra salud mental y emocional. Este capítulo analiza la conexión directa entre la sobrecarga sensorial y el aumento de los niveles de estrés y ansiedad en la sociedad actual. A medida que vivimos más conectados, estamos también más expuestos a notificaciones, información constante y demandas inmediatas, lo que activa una respuesta de estrés crónico en nuestro cuerpo. Reflexionamos sobre cómo la cultura digital moderna contribuye a un ciclo de ansiedad y qué podemos hacer para comenzar a mitigar estos efectos.

El vínculo entre estímulos y estrés

El estrés es una respuesta natural del cuerpo a situaciones percibidas como amenazantes o demandantes. En condiciones normales, este mecanismo es esencial para la supervivencia, ya que prepara al organismo para enfrentar el peligro mediante la activación del sistema nervioso simpático, lo que se conoce comúnmente como la respuesta de "lucha o huida". Sin embargo, en el contexto moderno, donde estamos expuestos constantemente a un flujo interminable de estímulos digitales y sensoriales, este mecanismo de estrés se activa de manera crónica, incluso en ausencia de una amenaza real, lo que genera efectos negativos tanto en la mente como en el cuerpo.

El **vínculo entre estímulos y estrés** es profundo y está relacionado con la forma en que nuestro cerebro procesa la información. El cerebro humano ha evolucionado para detectar y responder rápidamente a cambios en el entorno que podrían representar un peligro. Sin embargo, en la era digital, estamos rodeados de estímulos que, aunque no representan una amenaza inmediata, activan las mismas respuestas fisiológicas que antaño se reservaban para situaciones de supervivencia. Notificaciones, correos electrónicos, noticias de última hora, sonidos de dispositivos móviles y la constante actividad en redes sociales son todos factores que contribuyen a este estado de sobreestimulación.

El problema radica en que el cerebro no distingue entre los tipos de estímulos que activan su respuesta al estrés. Una notificación de una red social o un correo electrónico urgente puede activar las mismas áreas del cerebro que se activarían ante una amenaza física. La **amígdala**, una estructura cerebral clave en la gestión del estrés y las emociones, juega un papel crucial en este proceso. Cuando se percibe un estímulo que genera una respuesta de alerta, la amígdala envía señales a otras áreas del cerebro para preparar al cuerpo para reaccionar. Esto desencadena una liberación de hormonas del estrés, como el **cortisol** y la **adrenalina,** lo que provoca una aceleración del ritmo cardíaco, un aumento de la presión arterial y una agudización de los sentidos.

Si bien esta respuesta es útil en situaciones de emergencia, en un contexto de sobrecarga sensorial crónica, el cuerpo permanece en un estado de alerta continua. La activación frecuente del sistema de estrés no solo agota los recursos energéticos del organismo, sino que también genera una serie de efectos perjudiciales a largo plazo. Los altos niveles de cortisol sostenidos en el tiempo pueden afectar negativamente el sistema inmunológico, la digestión y el sueño, contribuyendo al desarrollo de una amplia gama de problemas de salud, desde enfermedades cardíacas hasta trastornos metabólicos y una mayor susceptibilidad a infecciones.

El **estrés sensorial** es particularmente relevante en un entorno digital donde los estímulos están diseñados específicamente para captar nuestra atención de manera inmediata. Los sonidos y vibraciones de nuestros teléfonos móviles, las alertas de correo electrónico y los mensajes emergentes en las redes sociales están construidos para interrumpir y capturar nuestra atención. Cada vez que recibimos una notificación, el cerebro entra en un estado de alerta que, a nivel biológico, no difiere significativamente de la respuesta que tendríamos ante una amenaza en nuestro entorno físico. Este ciclo de interrupciones constantes genera lo que los expertos llaman **estrés digital**, una forma moderna de estrés que se caracteriza por la sobreexposición a la tecnología y la incapacidad de desconectar.

Un estudio realizado por la **American Psychological Association** en 2017 reveló que el 43% de los adultos que usaban dispositivos digitales con frecuencia reportaban altos niveles de estrés relacionados con la tecnología. Estos niveles de estrés eran más pronunciados en aquellos que recibían notificaciones constantes o que sentían la necesidad de estar siempre conectados. Este fenómeno, conocido como **tecnoestrés**, es una manifestación directa del vínculo entre el aumento de estímulos y el estrés. Los participantes del estudio informaron que la sensación de estar "siempre disponibles" para responder a mensajes, correos electrónicos y notificaciones, junto con la sobrecarga de información digital, era una fuente importante de estrés en sus vidas diarias.

El estrés sensorial también afecta profundamente nuestra **capacidad de recuperación**. En situaciones normales, el cuerpo alterna entre períodos de actividad y descanso, permitiendo que el sistema nervioso se recupere y se regule. Sin embargo, en un entorno de sobrecarga sensorial, el cerebro rara vez tiene la oportunidad de desconectar por completo. La constante afluencia de estímulos mantiene al cerebro en un estado de alerta, lo que impide que entre en un modo de reposo o recuperación adecuado. Esto afecta negativamente el ciclo de sueño, la digestión y el funcionamiento del sistema inmunológico.

Además de los efectos fisiológicos, el estrés inducido por estímulos tiene un impacto directo en el **estado emocional**. La sobreexposición sensorial genera una sensación constante de urgencia, lo que lleva a un estado de ansiedad latente. Cada nueva notificación o alerta activa la respuesta de alerta en el cerebro, creando una sensación de que algo requiere nuestra atención inmediata. Esta percepción de urgencia perpetua alimenta la ansiedad, ya que el cerebro se ve incapaz de priorizar entre lo que realmente es importante y lo que no lo es. Con el tiempo, este estado de hiperalerta provoca fatiga emocional, irritabilidad y una reducción de la capacidad para manejar el estrés de manera efectiva.

El fenómeno del **FOMO** (Fear of Missing Out, o miedo a perderse algo) es una clara manifestación de este vínculo entre los estímulos y el estrés. Las redes sociales, con su flujo constante de actualizaciones y eventos, crean una ilusión de que siempre hay algo que debemos saber o experimentar. Este miedo a perdernos algo importante genera una presión constante para estar conectados y revisando nuestras cuentas en todo momento, lo que aumenta los niveles de estrés. A nivel biológico, el cerebro interpreta esta presión como una amenaza para nuestra relevancia social, lo que activa los mismos mecanismos de respuesta al estrés que se utilizan en situaciones de peligro.

El **estrés crónico** inducido por la sobrecarga sensorial tiene también consecuencias en la **función cognitiva**. Un cerebro que está constantemente bajo estrés es menos eficiente para procesar información, lo que afecta la capacidad para concentrarse y tomar decisiones. A largo plazo, este estado de estrés continuo puede dañar la plasticidad cerebral, reduciendo la capacidad del cerebro para adaptarse y aprender de nuevas experiencias. El estrés sostenido en el tiempo también se ha asociado con la **atrofia del**

hipocampo, la región del cerebro involucrada en la memoria y el aprendizaje. La reducción del volumen en esta área afecta negativamente la capacidad para formar y retener recuerdos a largo plazo, lo que contribuye a una sensación de confusión y agotamiento cognitivo.

A nivel químico, el estrés continuo puede alterar el **equilibrio neuroquímico** del cerebro, afectando la producción de neurotransmisores como la **dopamina** y la **serotonina**, que están vinculados con la sensación de bienestar y satisfacción. Cuando estos neurotransmisores se desequilibran, el individuo experimenta una disminución en la capacidad para experimentar placer o satisfacción en actividades que anteriormente resultaban gratificantes, lo que puede llevar al desarrollo de trastornos del estado de ánimo, como la **depresión**.

Es importante destacar que el cuerpo y la mente no están diseñados para soportar altos niveles de estrés durante largos períodos. Cuando estamos expuestos a estímulos de manera crónica, y la respuesta al estrés se activa repetidamente, el sistema nervioso simpático se sobrecarga, y esto repercute en la capacidad del cuerpo para autorregularse. Esta sobreexposición no solo afecta nuestro bienestar mental, sino que también tiene un impacto negativo en la salud física, contribuyendo al desarrollo de **enfermedades cardiovasculares**, problemas metabólicos y trastornos del sueño.

A medida que avanzamos en esta era de sobrecarga sensorial, es evidente que el estrés generado por el exceso de estímulos es un **precio oculto** que pagamos sin darnos cuenta. La tecnología, aunque ofrece innumerables beneficios, también ha creado un entorno donde el cerebro se ve abrumado por la constante afluencia de información y notificaciones. El estrés que esto genera afecta no solo nuestra salud mental, sino también nuestra capacidad para vivir de manera equilibrada y saludable.

La ansiedad como subproducto de la sobrecarga

La ansiedad es una de las respuestas emocionales más comunes en la vida moderna, y está estrechamente vinculada con la exposición constante a estímulos sensoriales. En la era digital, las notificaciones, mensajes instantáneos y alertas constantes han creado un entorno donde el cerebro se enfrenta a una avalancha de información que no solo estresa, sino que alimenta un estado crónico de **ansiedad**. Esta ansiedad, aunque sutil al principio, se acumula con el tiempo, generando una sensación de inquietud permanente que afecta nuestra salud mental, nuestras relaciones y nuestro bienestar general.

La exposición continua a **notificaciones y mensajes instantáneos** tiene un impacto directo en nuestra capacidad para mantener la calma y desconectar. Cada notificación que aparece en la pantalla de nuestros dispositivos electrónicos, ya sea un mensaje, un correo electrónico o una actualización en redes sociales, genera una interrupción que capta nuestra atención de manera inmediata. Estas interrupciones constantes no solo fragmentan nuestra capacidad de concentración, sino que también generan una respuesta de alerta en el cerebro, similar a la que se produce en situaciones de peligro. Cada vez que escuchamos o vemos una notificación, nuestro cerebro interpreta el estímulo como una señal que requiere una acción inmediata, lo que activa la **amígdala** y el sistema de respuesta al estrés.

Con el tiempo, esta **carga sensorial** repetida se traduce en un estado de **hiperalerta**, en el que el cerebro siempre está a la espera del próximo mensaje o notificación. Este ciclo incesante crea una forma de ansiedad que no siempre es fácil de identificar, ya que se manifiesta a través de una sensación de incomodidad o inquietud constante. Las personas afectadas por esta ansiedad inducida por notificaciones a menudo sienten que deben estar siempre disponibles, siempre conectadas y listas para responder. Esta presión por estar al tanto de todo lo que sucede en el entorno digital genera un estado de ansiedad anticipatoria, donde el simple hecho de no revisar el teléfono o de ignorar una notificación produce una sensación de malestar.

Uno de los factores clave que agrava esta situación es el fenómeno del **FOMO** (Fear of Missing Out), que ya hemos mencionado anteriormente. El FOMO, o el miedo a perderse algo, es una manifestación directa de la ansiedad que surge de la sobrecarga de estímulos digitales. En las redes sociales, donde los usuarios comparten constantemente actualizaciones sobre sus vidas, logros y actividades, se crea una ilusión de que siempre hay algo que estamos dejando pasar. Esta sensación de estar perdiéndonos algo importante genera una ansiedad constante por no estar completamente al tanto de lo que sucede en nuestro entorno, lo que refuerza la necesidad de revisar continuamente nuestras notificaciones y actualizaciones.

El **FOMO** no solo alimenta la ansiedad, sino que también afecta nuestra **autoestima** y bienestar emocional. Las comparaciones constantes con la vida "perfecta" que otros muestran en redes sociales intensifican la sensación de insuficiencia personal, lo que aumenta la ansiedad relacionada con la imagen y el éxito. Esta presión constante por estar conectados y al tanto de todo lo que sucede, combinada con la falta de tiempo para reflexionar o desconectar, nos deja en un estado perpetuo de insatisfacción. Incluso cuando no estamos recibiendo notificaciones, nuestra mente sigue anticipando la próxima interrupción, lo que nos impide relajarnos completamente o disfrutar del momento presente.

La **ansiedad inducida por las notificaciones** también está relacionada con el concepto de la **gratificación instantánea**. En un entorno digital, estamos acostumbrados a recibir respuestas y recompensas inmediatas: un "me gusta" en una publicación, una respuesta rápida a un mensaje, o una notificación de una nueva actualización. Esta inmediatez refuerza nuestro deseo de obtener gratificación de manera constante y rápida, lo que a su vez alimenta la ansiedad cuando estas recompensas no llegan de inmediato. La necesidad de recibir estímulos constantes genera un ciclo de dependencia, donde cualquier retraso o falta de interacción provoca una sensación de vacío o frustración.

Un estudio realizado por la **Universidad de Nottingham Trent** sobre el impacto de las notificaciones móviles en el bienestar psicológico reveló que, de los participantes que reportaron recibir notificaciones frecuentes a lo largo del día, una gran mayoría experimentaba aumentos en los niveles de ansiedad, particularmente cuando no podían responder de inmediato o cuando las notificaciones se acumulaban. Los investigadores encontraron que las interrupciones constantes, combinadas con la presión de responder rápidamente, creaban un estado de estrés crónico que se traducía en una mayor incidencia de ansiedad y síntomas depresivos.

Este fenómeno también está estrechamente vinculado con lo que algunos expertos denominan **ansiedad de conectividad**. La expectativa de estar siempre disponibles y listos para responder crea una situación en la que las personas se sienten atrapadas en un ciclo interminable de conexiones. Cada vez que ignoramos o aplazamos una notificación, nuestro cerebro interpreta esta acción como una tarea pendiente, lo que genera un aumento de la ansiedad hasta que se completa la "tarea", es decir, hasta que revisamos y respondemos. Esta necesidad constante de conectividad y de cierre inmediato de tareas afecta no solo nuestra salud mental, sino también nuestra productividad y nuestras relaciones personales.

Además de las notificaciones y mensajes instantáneos, la **sobreexposición a las redes sociales** agrava aún más el ciclo de ansiedad. Las plataformas sociales están diseñadas para fomentar la interacción continua, lo que significa que siempre hay algo nuevo que ver, leer o con lo que interactuar. La naturaleza infinita de las redes sociales crea una sobrecarga sensorial que mantiene al cerebro en un estado de estimulación continua, impidiendo que descanse o se desconecte. Esto no solo genera fatiga mental, sino que también perpetúa la ansiedad, ya que siempre hay una sensación de que debemos estar al tanto de las últimas actualizaciones o noticias.

Además, la **ansiedad inducida por la tecnología** no solo afecta a los individuos de manera aislada, sino que también tiene un impacto significativo en las relaciones interpersonales. Las interrupciones constantes por notificaciones y mensajes instantáneos interfieren con la calidad de nuestras interacciones con los demás. Es común ver a personas que, incluso en medio de una conversación en persona, se distraen constantemente revisando sus teléfonos. Esta fragmentación de la atención no solo genera una desconexión emocional, sino que también alimenta la ansiedad al sentir que nunca estamos completamente presentes ni comprometidos en un solo entorno. Esta desconexión emocional puede erosionar la calidad de nuestras relaciones personales, aumentando la sensación de aislamiento y, paradójicamente, la ansiedad por sentirnos desconectados.

Además, estudios han demostrado que la exposición constante a notificaciones y estímulos digitales afecta la **calidad del sueño**, lo que a su vez aumenta los niveles de ansiedad. La luz azul emitida por los dispositivos móviles y el estado de alerta mental que generan las notificaciones dificultan la relajación necesaria para conciliar el sueño. La falta de sueño reparador no solo exacerba la ansiedad, sino que también afecta el rendimiento cognitivo y emocional al día siguiente, creando un ciclo vicioso de insomnio y aumento de la ansiedad.

El impacto de esta ansiedad generada por notificaciones y mensajes instantáneos no debe subestimarse. Las personas que viven en un estado constante de alerta digital experimentan una reducción en su calidad de vida, ya que no pueden desconectar mentalmente, incluso en momentos que deberían ser de descanso o relajación. Este fenómeno de estar siempre "encendidos" genera una sobrecarga emocional que se traduce en ansiedad crónica, afectando la salud mental y el bienestar en general.

A largo plazo, la ansiedad generada por la sobreexposición a notificaciones y estímulos puede conducir a problemas más graves, como el desarrollo de **trastornos de ansiedad generalizada**, en los que la persona siente una preocupación constante por el futuro o por situaciones cotidianas. Además, la incapacidad de desconectar y la presión por estar siempre disponible puede llevar a un aumento en los casos de **burnout digital**, un estado de agotamiento extremo causado por la fatiga mental y emocional derivada de la tecnología.

El círculo vicioso: estrés y más sobrecarga

El estrés crónico derivado de la sobrecarga sensorial no solo afecta nuestras capacidades cognitivas y emocionales, sino que también desencadena un **círculo vicioso** en el que, paradójicamente, buscamos más estímulos para aliviar la sensación de estrés. Este ciclo de sobrecarga y búsqueda constante de más estímulos se alimenta de nuestra necesidad de distraernos, de gratificación instantánea y de la falsa sensación de control que nos brindan los dispositivos digitales. Sin embargo, en lugar de reducir el estrés, este comportamiento intensifica el problema, manteniendo al cerebro en un estado de **sobrecarga constante**.

El proceso comienza cuando el estrés crónico, causado por la exposición constante a notificaciones, mensajes instantáneos y un flujo interminable de información, nos agobia y genera una sensación de ansiedad e inquietud. Este estado de alerta perpetua, en el que el cuerpo y la mente nunca se "apagan" por completo, nos lleva a buscar maneras de reducir el malestar. En muchos casos, recurrimos a los mismos dispositivos y plataformas que originaron el estrés en primer lugar. La ironía es que, aunque buscamos alivio temporal en la tecnología, lo que realmente hacemos es intensificar la **sobrecarga sensorial**.

La **dopamina**, el neurotransmisor relacionado con el placer y la recompensa, desempeña un papel clave en este círculo vicioso. Cuando revisamos una notificación, recibimos una pequeña dosis de dopamina que nos hace sentir bien por un momento. Este refuerzo positivo nos lleva a repetir el comportamiento, buscando constantemente más estímulos para obtener otra dosis de gratificación. Sin embargo, esta sensación de alivio es efímera. Cada notificación, cada "me gusta" en las redes sociales o cada mensaje leído proporciona una recompensa momentánea, pero no resuelve el estrés subyacente. Al contrario, mantiene el cerebro en un estado de **expectativa y búsqueda** constante, lo que refuerza la adicción a los estímulos y agrava el ciclo de sobrecarga.

El círculo vicioso funciona de la siguiente manera: el **estrés crónico** nos lleva a buscar distracciones en nuestros dispositivos digitales como una forma de escapar de la sobrecarga. Revisamos compulsivamente nuestros teléfonos, buscamos nuevas publicaciones en redes sociales, consumimos contenido rápido, y esto genera un alivio momentáneo. Sin embargo, al hacerlo, introducimos más estímulos en el sistema, lo que sobrecarga aún más nuestra mente. En lugar de resolver el problema, lo intensificamos, perpetuando un ciclo de estrés y más sobrecarga.

Un estudio realizado por la **Universidad de California en Irvine** reveló que las personas que revisan constantemente sus dispositivos para obtener pequeñas dosis de gratificación, como chequear el correo electrónico o las redes sociales, experimentan mayores niveles de estrés a largo plazo que aquellos que limitan su exposición a los estímulos digitales. Los investigadores encontraron que, aunque las interrupciones breves brindaban un alivio temporal del estrés, este comportamiento conducía a una mayor acumulación de ansiedad y fatiga mental. En lugar de reducir el estrés, la exposición constante a estímulos, especialmente en momentos de descanso, prolongaba el estado de alerta y agotamiento.

Uno de los factores que alimenta este círculo vicioso es la **incapacidad para desconectar**. Muchas personas, después de un largo día de trabajo o de exposición a la tecnología, recurren a las mismas herramientas digitales para relajarse: aplicaciones de entretenimiento, videos en plataformas de streaming o redes sociales. Sin embargo, este "entretenimiento" no proporciona el descanso mental necesario para recuperarse del estrés. En cambio, mantiene al cerebro activo y estimulado, impidiendo que entre en un estado de relajación genuina. Esta **paradoja digital** —buscar descanso en los mismos dispositivos que causan la fatiga— es uno de los principales factores que intensifican el círculo vicioso del estrés.

Además, la búsqueda constante de nuevos estímulos genera una **adicción a la novedad**. En un entorno digital donde siempre hay algo nuevo por descubrir —una nueva publicación, un video viral, una noticia de última hora—, el cerebro se adapta a este flujo continuo de información, desarrollando una dependencia hacia la gratificación inmediata. Esto no solo alimenta el ciclo de estrés y sobrecarga, sino que también afecta nuestra capacidad para disfrutar de momentos de tranquilidad o tareas que requieren un esfuerzo más prolongado. En lugar de poder concentrarnos en actividades que requieren tiempo y reflexión, nuestro cerebro comienza a preferir estímulos rápidos y fugaces.

Este fenómeno se explica en parte por el concepto de **tolerancia neurobiológica**. Al igual que ocurre con las adicciones a sustancias, el cerebro necesita dosis cada vez mayores de estímulos para experimentar el mismo nivel de satisfacción. Al principio, una notificación o un video corto pueden ofrecer una sensación de gratificación. Pero con el tiempo, esta dosis de estímulo ya no es suficiente, y el cerebro requiere más y más interrupciones para sentirse igual de recompensado. Esto lleva a un comportamiento compulsivo, donde buscamos estímulos de manera constante, incapaces de desconectar o disfrutar de actividades más tranquilas. La **ansiedad digital**, entonces, no solo genera un aumento de la sobrecarga, sino que también perpetúa la dependencia de estímulos inmediatos.

Un estudio llevado a cabo por **López-Fernández et al. (2017)** sobre el uso excesivo de smartphones encontró que la **adicción a los dispositivos móviles** está estrechamente relacionada con niveles elevados de estrés y ansiedad. Los participantes que reportaron un uso compulsivo de sus dispositivos móviles mostraron una mayor tendencia a buscar estímulos para aliviar el estrés, pero experimentaban un aumento en sus niveles de ansiedad cuando no podían acceder a estos estímulos. Esta investigación refuerza la idea de que el ciclo de estrés y sobrecarga se alimenta de la búsqueda compulsiva de gratificación a través de estímulos digitales.

Además, la exposición continua a estímulos también afecta nuestra capacidad para **experimentar el aburrimiento** de manera saludable. En el pasado, los momentos de aburrimiento o inactividad eran fundamentales para que el cerebro descansara, reorganizara la información y encontrara soluciones creativas a los problemas. Sin embargo, en la era digital, hemos perdido la capacidad para tolerar el aburrimiento. En lugar de permitir que la mente divague o se recupere, llenamos cada momento de inactividad con la búsqueda de más estímulos: revisando nuestras redes sociales, navegando por Internet o viendo videos. Este comportamiento, aunque parece inofensivo, priva al cerebro de los momentos de calma que necesita para restaurarse y procesar la información.

La **fatiga digital**, otro efecto secundario del círculo vicioso de sobrecarga y búsqueda de estímulos, también intensifica el estrés crónico. La fatiga digital ocurre cuando el cerebro ya no puede seguir el ritmo de la avalancha de información y empieza a mostrar signos de agotamiento. Nos sentimos cansados, abrumados y emocionalmente exhaustos, pero en lugar de desconectar, seguimos buscando más estímulos para llenar el vacío que sentimos. Este comportamiento, aunque es un intento de aliviar la fatiga, solo agrava la situación, ya que introduce aún más estímulos en un cerebro que ya está sobrecargado.

El círculo vicioso no solo afecta al cerebro a nivel individual, sino que también tiene **consecuencias sociales**. En un mundo donde todos estamos conectados y bombardeados por estímulos, la presión por mantener el ritmo y estar siempre disponibles crea una dinámica en la que se espera que todos respondamos de inmediato a cualquier estímulo que recibimos. Esto genera un **estrés social** donde las personas se sienten obligadas a estar en constante interacción, lo que refuerza la sobrecarga y hace que sea aún más difícil desconectar. La expectativa de respuesta rápida en el entorno digital genera ansiedad y estrés, tanto en el ámbito personal como profesional, perpetuando el ciclo.

El **círculo vicioso** de estrés y sobrecarga, alimentado por la búsqueda constante de estímulos, representa uno de los mayores retos de la era digital. Aunque el cerebro humano tiene la capacidad de adaptarse a nuevas condiciones, no está diseñado para procesar una sobrecarga continua de información sin descanso. El desafío radica en romper este ciclo, encontrar formas de desconectar de manera efectiva y restaurar el equilibrio entre estímulos y descanso.

5

EL COLAPSO DE LA CONCENTRACIÓN

E n este capítulo, exploramos cómo nuestra capacidad para concentrarnos se ha visto gravemente afectada por la era de la interrupción constante. Las múltiples demandas de atención, las notificaciones constantes y la necesidad de estar siempre conectados han reducido nuestra habilidad para mantener la atención en una sola tarea durante un tiempo prolongado. Examinaremos el impacto de esta fragmentación en nuestra productividad, nuestra creatividad y nuestras relaciones, así como las posibles formas de recuperar el control de nuestra atención en un mundo que parece diseñado para distraernos.

La erosión de la capacidad de atención

La capacidad de **atención** es uno de los recursos cognitivos más fundamentales para el ser humano. Es lo que nos permite centrarnos en una tarea específica, ignorar distracciones y, en última instancia, lograr un pensamiento profundo y significativo. Sin embargo, en la era digital, esta capacidad se ha visto gravemente erosionada debido a las interrupciones constantes que experimentamos a lo largo del día. Las notificaciones de nuestros teléfonos, los correos electrónicos, los mensajes instantáneos y las actualizaciones en redes sociales nos bombardean continuamente, fragmentando nuestra atención y reduciendo nuestra capacidad para concentrarnos en una tarea durante un periodo prolongado de tiempo.

Antes de la era digital, la capacidad de atención se construía y fortalecía a lo largo del tiempo, a medida que nos involucrábamos en actividades que requerían enfoque sostenido, como la lectura, el estudio o el trabajo concentrado. Sin embargo, con el auge de la tecnología y el acceso a la información inmediata, nuestro cerebro ha sido condicionado para cambiar rápidamente de una tarea a otra. Cada notificación que recibimos es una invitación a cambiar de enfoque, lo que reduce nuestra capacidad para mantener la atención en una sola tarea.

Uno de los principales problemas de esta **fragmentación de la atención** es que el cerebro humano no está diseñado para funcionar de manera óptima bajo un flujo constante de interrupciones. Cada vez que cambiamos de una tarea a otra – lo que se conoce como **cambio de contexto** – el cerebro necesita tiempo para reiniciarse y redirigir su energía hacia la nueva tarea. Este proceso de "ajuste" cognitivo consume tiempo y energía, lo que reduce la eficiencia con la que realizamos cada actividad. En lugar de ser más productivos, como se suele creer en la era del multitasking, terminamos trabajando de manera menos eficiente y con menor calidad.

Un estudio realizado por la **Universidad de California en Irvine** encontró que, después de una interrupción, una persona puede tardar hasta 23 minutos en volver a concentrarse por completo en la tarea que estaba realizando. Este dato es especialmente revelador en un contexto donde, en promedio, las personas revisan sus teléfonos móviles unas 96 veces al día. Cada una de estas revisiones fragmenta la atención y activa lo que los neurocientíficos llaman el **modo de atención reactiva**, en el que el cerebro responde automáticamente a los estímulos inmediatos en lugar de centrarse en una tarea de manera profunda y deliberada.

El impacto de esta erosión de la atención es evidente en muchas áreas de nuestra vida diaria. En el ámbito laboral, por ejemplo, la incapacidad para concentrarse en una tarea durante largos periodos de tiempo afecta la **productividad**. Muchos empleados informan sentirse constantemente distraídos por correos electrónicos, mensajes instantáneos o las notificaciones de sus dispositivos móviles. Estas interrupciones no solo fragmentan su enfoque, sino que también generan un estado de ansiedad, ya que sienten la necesidad de responder de inmediato a cada nueva notificación. Esta presión por mantenerse conectados y disponibles en todo momento exacerba el problema, creando un entorno en el que la concentración profunda es cada vez más difícil de alcanzar.

A nivel académico, los estudiantes también están experimentando los efectos de esta **pérdida de concentración**. En lugar de poder sumergirse en actividades que requieren un esfuerzo cognitivo prolongado, como el estudio o la escritura, los estudiantes se enfrentan a constantes distracciones digitales. Esta fragmentación de la atención no solo afecta su capacidad para retener información, sino que también disminuye su habilidad para **pensar críticamente** y **resolver problemas complejos**. Los estudios han demostrado que, a medida que aumenta la exposición a dispositivos digitales, disminuye la capacidad de los estudiantes para concentrarse en actividades académicas exigentes, lo que afecta negativamente su rendimiento general.

El problema se agrava cuando consideramos el impacto de la **tecnología móvil** en nuestra vida cotidiana. En la actualidad, estamos acostumbrados a llevar nuestros teléfonos móviles con nosotros a todas partes, y muchos de nosotros los revisamos compulsivamente incluso en momentos en los que deberíamos estar completamente concentrados, como en reuniones, clases o mientras conducimos. La facilidad con la que podemos acceder a una nueva notificación o revisar nuestras redes sociales genera un estado de distracción constante, que no solo afecta nuestra concentración en actividades importantes, sino que también nos impide desconectar mentalmente cuando necesitamos descansar.

El uso excesivo de la tecnología y las **interrupciones digitales** también tienen un impacto negativo en la **atención sostenida**, es decir, la capacidad de concentrarse en una tarea durante un largo periodo de tiempo sin distraerse. La atención sostenida es esencial para lograr un pensamiento profundo, la creatividad y la resolución de problemas complejos. Sin embargo, en un entorno donde las interrupciones digitales son la norma, el cerebro tiene cada vez más dificultades para mantenerse enfocado en una sola tarea durante más de unos pocos minutos. Esto ha dado lugar a un fenómeno que algunos expertos llaman el "**colapso de la concentración**", donde la capacidad para involucrarse en actividades que requieren esfuerzo cognitivo sostenido se ve drásticamente reducida.

Este colapso de la concentración no solo afecta la productividad y el rendimiento académico, sino que también tiene un impacto significativo en nuestra **salud mental**. La incapacidad para concentrarse de manera profunda genera una sensación de **insatisfacción** y **frustración**, ya que muchas personas sienten que no pueden completar las tareas de manera eficiente o de la manera en que lo harían si estuvieran completamente concentradas. Esta frustración, a su vez, contribuye al **estrés** y a la **ansiedad**, generando un ciclo en el que las personas se sienten constantemente dispersas, abrumadas y mentalmente agotadas.

Un estudio publicado en la revista **Science** mostró que la capacidad de concentración de las personas ha disminuido notablemente en los últimos 20 años. Los investigadores observaron que, con la proliferación de dispositivos móviles y el acceso a internet, las personas muestran una tendencia a cambiar de tarea o revisar sus teléfonos cada pocos minutos, incluso cuando están realizando tareas importantes. Este comportamiento no solo fragmenta la atención, sino que también genera un estado de **hiperactividad mental**, donde el cerebro se ve obligado a procesar una cantidad excesiva de estímulos en cortos periodos de tiempo.

Este fenómeno de interrupción constante no solo afecta la atención en el trabajo o el estudio, sino también en nuestras **relaciones personales**. La incapacidad para mantener la atención en una conversación o en una interacción personal es un síntoma claro de la erosión de nuestra capacidad de concentración. Es común ver a personas que, incluso cuando están físicamente presentes en una interacción social, se distraen revisando sus teléfonos o respondiendo a mensajes. Esto no solo afecta la calidad de las relaciones, sino que también contribuye a una sensación de desconexión emocional y aislamiento.

Además, la erosión de la capacidad de atención afecta nuestra **creatividad**. La creatividad requiere tiempo y espacio mental para que las ideas puedan formarse y desarrollarse. Sin embargo, cuando nuestra atención se ve constantemente interrumpida, el cerebro no tiene la oportunidad de entrar en los estados de **atención profunda** que son necesarios para la creatividad. En lugar de generar ideas nuevas y originales, nuestro cerebro se ve ocupado por tareas menores y superficiales, lo que limita nuestra capacidad para pensar de manera innovadora.

El impacto de la erosión de la atención también está relacionado con la **economía de la atención**, un concepto que se refiere a cómo las plataformas digitales y las empresas tecnológicas compiten por captar y mantener nuestra atención. En un mundo donde los datos y el tiempo de pantalla son valiosos, las empresas utilizan estrategias cada vez más sofisticadas para captar nuestra atención, desde notificaciones persuasivas hasta algoritmos que optimizan el contenido que vemos en redes sociales. El resultado es que nuestra atención se ve constantemente fragmentada y dispersa, lo que agrava el colapso de la concentración.

Romper este ciclo de **interrupciones digitales** y recuperar la capacidad de atención es un desafío en la era moderna. El primer paso es ser conscientes de cómo las interrupciones constantes están afectando nuestra concentración y productividad. A medida que tomamos conciencia de este problema, podemos comenzar a implementar estrategias para limitar las distracciones, como desactivar las notificaciones, establecer bloques de tiempo para trabajar sin interrupciones y encontrar momentos para desconectarnos de la tecnología.

La fragmentación de la concentración

El multitasking, o la realización de múltiples tareas a la vez, ha sido promovido durante mucho tiempo como una habilidad valiosa en un entorno de trabajo moderno y digital. Sin embargo, estudios recientes han demostrado que el multitasking no solo es ineficaz, sino que también fragmenta nuestra capacidad de concentración y afecta negativamente la **productividad** y el **rendimiento cognitivo**. A esto se suman las **microinterrupciones** constantes que experimentamos a diario, pequeñas distracciones que parecen inofensivas, pero que fragmentan nuestra atención de manera continua, impidiendo que nos enfoquemos completamente en una sola tarea.

El concepto del multitasking es engañoso, ya que, en realidad, el cerebro humano no puede hacer múltiples tareas que requieren enfoque cognitivo profundo al mismo tiempo. En lugar de ejecutar varias tareas de manera simultánea, lo que el cerebro hace es **cambiar rápidamente de una tarea a otra**. Este proceso de "cambio de contexto" consume recursos cognitivos, ya que cada vez que cambiamos de una tarea a otra, el cerebro necesita **reajustar su enfoque** y reenfocarse en la nueva tarea. Este cambio constante no solo ralentiza el rendimiento general, sino que también genera un nivel significativo de **fatiga mental**.

Cuando realizamos multitasking, nuestra **atención se fragmenta** entre diferentes tareas, lo que resulta en una disminución de la calidad del trabajo que realizamos. Aunque creemos que estamos siendo más productivos al realizar varias cosas a la vez, en realidad estamos perdiendo tiempo y energía mental en cada cambio de tarea. El cerebro tarda en **"reiniciarse"** entre cada tarea, lo que significa que perdemos valiosos segundos, o incluso minutos, tratando de volver a concentrarnos por completo. Este fenómeno es conocido como el **coste del cambio de tarea**, y su impacto se agrava cuando las interrupciones son constantes.

Un estudio realizado por la **Universidad de Stanford** reveló que los individuos que practican el multitasking de manera frecuente muestran una menor capacidad para filtrar la información irrelevante y tienen más dificultades para cambiar entre tareas de manera efectiva. El estudio también demostró que el multitasking crónico afecta negativamente la **memoria de trabajo**, el sistema cognitivo responsable de retener y procesar información en tiempo real. Las personas que intentan hacer varias cosas al mismo tiempo tienden a olvidar detalles importantes, lo que afecta su capacidad para retener información y tomar decisiones informadas.

La **fragmentación de la concentración** se agrava cuando consideramos el impacto de las **microinterrupciones**, esas pequeñas distracciones que ocurren de manera constante a lo largo del día. Estas interrupciones pueden ser tan simples como revisar una notificación en el teléfono, responder rápidamente a un mensaje o hacer clic en un enlace interesante mientras trabajamos en otra tarea. Aunque parecen inofensivas y breves, las microinterrupciones tienen un impacto significativo en nuestra capacidad para **enfocarnos profundamente**.

Cada vez que somos interrumpidos, nuestro cerebro necesita ajustar su enfoque y reiniciar el proceso cognitivo. A medida que estas interrupciones se acumulan, la atención se dispersa, lo que reduce la capacidad para concentrarse en una sola tarea durante un periodo prolongado. Estas pequeñas distracciones generan un estado de **atención superficial**, en el que nunca nos sumergimos completamente en una actividad, sino que permanecemos en la superficie, alternando rápidamente entre tareas sin lograr una concentración profunda.

Las microinterrupciones también tienen un impacto directo en la **productividad**. Un estudio realizado por la **Universidad de California** encontró que, después de una interrupción, una persona tarda en promedio 23 minutos en volver a concentrarse por completo en la tarea original. Aunque cada interrupción individual puede durar solo unos segundos, el tiempo y la energía que se pierden al tratar de reenfocar la atención después de la interrupción se acumulan, lo que genera una pérdida significativa de tiempo a lo largo del día. El impacto de esta pérdida de concentración es aún mayor en tareas que requieren un pensamiento profundo y crítico, ya que estas interrupciones fragmentan el proceso de pensamiento y limitan nuestra capacidad para resolver problemas complejos.

A largo plazo, la **fragmentación de la atención** debido al multitasking y las microinterrupciones puede tener un efecto negativo en la **calidad del trabajo**. Las tareas que requieren un enfoque prolongado y continuo, como la redacción, la resolución de problemas matemáticos o el análisis crítico, son especialmente vulnerables a las interrupciones. Cuando nuestra atención se fragmenta, perdemos la capacidad para **profundizar** en una tarea, lo que resulta en una calidad de trabajo más superficial y menos precisa. Esta falta de profundidad no solo afecta los resultados inmediatos, sino que también disminuye nuestra capacidad para **desarrollar habilidades complejas** a lo largo del tiempo.

Además, el impacto del multitasking y las microinterrupciones no se limita a la productividad y la calidad del trabajo, sino que también afecta nuestro **estado emocional** y **bienestar mental**. La fragmentación de la concentración genera una sensación de **agotamiento** y **estrés**, ya que nuestro cerebro se ve obligado a procesar y gestionar múltiples estímulos de manera continua. Esta constante alternancia entre tareas crea una sensación de

insatisfacción, ya que nunca logramos sentir que hemos completado algo de manera profunda o satisfactoria.

El **estrés** que surge de la fragmentación de la atención está relacionado con la **incapacidad para concentrarse** de manera sostenida. Las personas que experimentan microinterrupciones constantes suelen sentir que no tienen control sobre su entorno, ya que su atención es constantemente desviada hacia nuevos estímulos. Esta sensación de pérdida de control genera una **ansiedad subyacente**, ya que siempre hay una tarea pendiente o una notificación esperando ser atendida. Con el tiempo, este estado de alerta constante afecta la **salud mental**, contribuyendo a niveles más altos de estrés y agotamiento emocional.

El impacto del multitasking y las microinterrupciones en la **memoria** también es significativo. La **memoria de trabajo**, que es responsable de retener información temporalmente mientras realizamos una tarea, se ve afectada cuando intentamos realizar varias tareas a la vez o cuando somos interrumpidos de manera constante. La fragmentación de la atención hace que la memoria de trabajo se sobrecargue, lo que dificulta la retención de información importante y afecta nuestra capacidad para recordar detalles a largo plazo. Esto no solo tiene un impacto en la calidad del trabajo, sino que también genera una sensación de confusión y desorganización.

Uno de los ejemplos más comunes de fragmentación de la atención es el uso de múltiples pantallas. Muchas personas trabajan en ordenadores mientras revisan sus teléfonos, lo que genera una **doble carga cognitiva**. El cerebro, al intentar procesar información de varias fuentes al mismo tiempo, se ve abrumado por la cantidad de estímulos que debe gestionar, lo que reduce la eficiencia con la que puede completar las tareas. Aunque el multitasking entre dispositivos parece una forma efectiva de gestionar el tiempo, en realidad genera un **colapso cognitivo**, en el que la calidad del trabajo y la retención de información se ven gravemente comprometidas.

El **uso de redes sociales** durante las pausas del trabajo también contribuye a la fragmentación de la concentración. Muchas personas recurren a las redes sociales como una forma de relajarse durante breves descansos entre tareas. Sin embargo, en lugar de proporcionar un verdadero descanso, estas plataformas introducen nuevos estímulos que mantienen al cerebro en un estado de actividad constante. Esto impide que el cerebro tenga la oportunidad de **recuperarse** completamente, lo que agrava la fatiga mental y reduce la capacidad para concentrarse cuando volvemos a la tarea principal.

Para romper el ciclo de la fragmentación de la atención, es fundamental **reconocer el impacto** del multitasking y las microinterrupciones en nuestra productividad y bienestar. Algunas estrategias útiles incluyen **bloquear periodos de tiempo** para tareas específicas, desactivar las notificaciones durante el trabajo profundo y practicar técnicas de **atención plena** para mejorar la concentración. Al tomar medidas conscientes para reducir las interrupciones, podemos recuperar la capacidad de concentrarnos profundamente y mejorar tanto la calidad de nuestro trabajo como nuestra salud mental.

La lucha por recuperar el enfoque

En un mundo inundado de estímulos constantes, recuperar la capacidad de **enfoque** y **concentración profunda** se ha convertido en un desafío crítico. La sobrecarga de notificaciones, la interrupción continua de mensajes instantáneos y el acceso ilimitado a información digital han fragmentado nuestra capacidad de atención. Sin embargo, a pesar de la magnitud del reto, no todo está perdido. Existen **métodos** y **estrategias** efectivas para restaurar el enfoque y proteger nuestra mente de la distracción constante, permitiendo que volvamos a **sumergirnos** en actividades que requieren un pensamiento profundo y sostenido.

Uno de los primeros pasos para **recuperar el enfoque** es ser consciente del impacto de las distracciones en nuestra vida diaria. La mayoría de las interrupciones, como notificaciones en el teléfono o mensajes emergentes en la pantalla del ordenador, parecen inofensivas. Sin embargo, como ya hemos explorado, estas pequeñas interrupciones tienen un costo significativo en términos de productividad y bienestar mental. El simple hecho de ser consciente de cómo estas interrupciones fragmentan la atención es el primer paso para recuperar el control.

Una de las estrategias más efectivas para combatir las interrupciones es el **bloqueo de tiempo**, también conocido como **time blocking**. Esta técnica consiste en dividir el día en **bloques de tiempo dedicados exclusivamente a una tarea o grupo de tareas similares**. Durante estos bloques de tiempo, se eliminan todas las distracciones: se desactivan las notificaciones del teléfono, se cierra el correo electrónico y se evitan las redes sociales. Esta técnica, popularizada por expertos en productividad como **Cal Newport**, es especialmente efectiva para restaurar el enfoque, ya que permite que el cerebro se sumerja en una tarea sin interrupciones externas.

El **método Pomodoro** es otra técnica popular para mejorar el enfoque y combatir las distracciones. Este método implica trabajar en bloques de tiempo de 25 minutos, seguidos de un breve descanso de 5 minutos. Después de completar cuatro ciclos, se toma un descanso más largo de 15 a 30 minutos. Este enfoque ayuda a mantener la concentración, ya que el cerebro sabe que solo necesita enfocarse durante un periodo corto antes de tomar un descanso. Además, la estructura del método Pomodoro crea un sentido de urgencia que puede motivar a las personas a concentrarse completamente en la tarea en cuestión durante esos 25 minutos.

Sin embargo, para restaurar verdaderamente el enfoque, no solo es necesario gestionar el tiempo de manera efectiva, sino también **crear un entorno libre de distracciones**. El cerebro humano es extremadamente sensible a su entorno, y cada pequeña señal visual o auditiva puede atraer nuestra atención. Para combatir esto, es esencial diseñar un **espacio de trabajo que minimice las distracciones**. Esto puede implicar algo tan simple como despejar el escritorio, eliminar dispositivos que no sean necesarios para la tarea, o utilizar auriculares con cancelación de ruido para bloquear sonidos ambientales.

Además de gestionar el entorno físico, es crucial **gestionar el entorno digital**. Una de las maneras más efectivas de proteger el enfoque es desactivar las notificaciones de los dispositivos móviles y las aplicaciones que no son esenciales para el trabajo. Las aplicaciones de mensajería, redes sociales y correos electrónicos son algunas de las principales fuentes de interrupciones, por lo que es fundamental configurar períodos de **silencio digital**. Herramientas como el modo "No molestar" en los teléfonos inteligentes o aplicaciones que bloquean el acceso a ciertas páginas web durante períodos de tiempo específicos, como **Freedom** o **Cold Turkey**, pueden ser muy útiles para eliminar distracciones.

El **monotasking**, o trabajar en una sola tarea a la vez, es otra estrategia clave para restaurar el enfoque. El multitasking, como hemos visto, no solo fragmenta nuestra atención, sino que también reduce la calidad de nuestro trabajo. En lugar de dividir nuestra atención entre múltiples tareas, el monotasking nos permite enfocarnos plenamente en una sola actividad, lo que mejora la eficiencia y la satisfacción. Aunque puede parecer tentador alternar entre tareas para ser más productivos, la realidad es que el monotasking es mucho más eficaz para tareas que requieren pensamiento profundo y análisis crítico.

La **gestión del tiempo** no es la única pieza clave en la lucha por recuperar el enfoque; también es importante considerar la **gestión de la energía mental**. La capacidad de atención y concentración fluctúa a lo largo del día, y forzar al cerebro a trabajar cuando está agotado solo genera más frustración y distracción. Identificar los momentos del día en los que se tiene más energía y aprovechar esos periodos para realizar tareas que requieren un enfoque intenso es fundamental para mejorar la productividad. Algunas personas encuentran que son más productivas por la mañana, mientras que otras prefieren trabajar durante la tarde. Planificar el trabajo en función de los picos de energía personal es una manera efectiva de maximizar el enfoque.

Una técnica útil para mejorar la gestión de la energía mental es la **técnica de los ultradianos**, que implica trabajar en ciclos de 90 minutos seguidos de un descanso de 20 a 30 minutos. Este enfoque se basa en la idea de que el cerebro tiene ciclos naturales de productividad y descanso a lo largo del día, y que forzar al cerebro a trabajar más allá de estos ciclos solo conduce al agotamiento y la pérdida de concentración. Al respetar los ritmos naturales del cerebro, se mejora la calidad del trabajo y se reduce la fatiga mental.

El **entrenamiento de la atención plena**, o **mindfulness**, es otra herramienta poderosa para restaurar el enfoque. La atención plena implica entrenar la mente para concentrarse en el momento presente y reducir la tendencia a distraerse con pensamientos o estímulos externos. Practicar la atención plena durante unos pocos minutos al día puede ayudar a mejorar la capacidad de concentrarse y reducir la tendencia a cambiar de tarea de manera impulsiva. Existen aplicaciones como **Headspace** o **Calm** que ofrecen ejercicios guiados de meditación y atención plena para mejorar la concentración y la resiliencia ante las distracciones.

Otro aspecto clave en la lucha por restaurar el enfoque es aprender a **decir no**. En un entorno lleno de distracciones, muchas veces sentimos la presión de estar disponibles todo el tiempo, respondiendo a correos electrónicos o mensajes en tiempo real. Sin embargo, aprender a proteger nuestro tiempo y energía mental es crucial para mantener la concentración. Esto implica establecer límites claros con respecto a cuándo y cómo responder a las solicitudes de los demás. Por ejemplo, se pueden asignar momentos específicos del día para responder correos electrónicos o mensajes, en lugar de interrumpir constantemente el trabajo para hacerlo.

Finalmente, es importante **cultivar el hábito de desconectar**. En un mundo donde estamos siempre conectados, encontrar momentos de desconexión es esencial para permitir que el cerebro descanse y recupere su capacidad de concentración. Tomarse descansos regulares y verdaderamente desconectar de los dispositivos electrónicos durante esos descansos es fundamental. Además, practicar actividades que no involucren pantallas, como caminar al aire libre, leer un libro o simplemente estar en silencio, ayuda a restaurar el equilibrio mental y preparar al cerebro para volver a concentrarse cuando sea necesario.

La **recuperación del enfoque** es un proceso que requiere tiempo, disciplina y una combinación de estrategias. A medida que reconocemos el impacto de las distracciones en nuestra capacidad para concentrarnos, podemos implementar métodos que nos ayuden a **restaurar nuestra atención** y a protegerla de las interrupciones constantes del mundo digital. En última instancia, la capacidad de concentrarse profundamente es una habilidad que se puede entrenar y fortalecer, y aunque vivimos en un entorno saturado de estímulos, es posible recuperar el control y la claridad mental.

6

LA ILUSIÓN DE LA MULTITAREA

V ivimos bajo la creencia de que ser multitarea nos hace más eficientes, pero la realidad es que tratar de hacer múltiples cosas al mismo tiempo reduce nuestra productividad y aumenta nuestro estrés. En este capítulo, desmitificamos la multitarea, explicando por qué nuestro cerebro no está diseñado para gestionar varias actividades complejas simultáneamente. Reflexionaremos sobre las consecuencias de intentar abarcar demasiado y cómo reenfocar nuestra atención en una sola tarea a la vez puede mejorar tanto nuestra eficiencia como nuestro bienestar.

El mito de la multitarea

En un mundo hiperconectado, la multitarea ha sido considerada durante mucho tiempo como una habilidad indispensable. La capacidad de realizar varias tareas simultáneamente se ha promovido como un signo de eficiencia, agilidad y adaptación a las demandas del entorno moderno. En el trabajo, en casa o en la vida cotidiana, muchos de nosotros caemos en la trampa de pensar que hacer varias cosas al mismo tiempo nos permitirá ser más productivos. Sin embargo, la realidad es que la multitarea es más una **ilusión** que una habilidad efectiva. Lejos de mejorar nuestra productividad, en la mayoría de los casos, la multitarea nos hace **menos eficientes** y deteriora la calidad de nuestras tareas.

Uno de los mayores mitos de la multitarea es la idea de que **podemos hacer varias cosas al mismo tiempo** con el mismo nivel de eficacia. Lo cierto es que el cerebro humano no está diseñado para manejar varias tareas cognitivas que requieren enfoque profundo de manera simultánea. Aunque parezca que estamos haciendo más de una cosa al mismo tiempo —como revisar el correo electrónico mientras atendemos una reunión en línea— lo que realmente está ocurriendo es que el cerebro está **cambiando rápidamente de una tarea a otra**, un proceso que se conoce como **cambio de contexto**. Cada vez que el cerebro alterna entre tareas, necesita reiniciar el enfoque, lo que consume tiempo y recursos cognitivos.

Este proceso de **cambio de contexto** no es instantáneo ni eficiente. Cada vez que cambiamos de una tarea a otra, el cerebro sufre un **costo cognitivo**. Nos lleva tiempo reajustar el enfoque mental y recuperar el hilo de lo que estábamos haciendo. A menudo, pensamos que estamos siendo productivos porque estamos ocupados, pero lo que en realidad ocurre es que el cerebro está **sobrecargado**, gestionando de manera ineficiente las demandas de las múltiples tareas. La **fragmentación de la atención** reduce nuestra capacidad para profundizar en una tarea, lo que disminuye la calidad de nuestro trabajo y prolonga el tiempo necesario para completarlo.

Estudios en neurociencia han demostrado que el multitasking afecta negativamente el rendimiento. Un estudio realizado por la **Universidad de Stanford** comparó el rendimiento de personas que habitualmente realizaban multitasking con aquellas que preferían concentrarse en una tarea a la vez. Los resultados mostraron que los multitaskers frecuentes tenían **más dificultades para filtrar información irrelevante**, cambiaban de tarea con mayor lentitud y cometían más errores que aquellos que se enfocaban en una sola actividad a la vez. Lejos de ser más eficientes, los multitaskers se mostraron más **dispersos** y menos efectivos en la gestión de la información.

El mito de la multitarea se refuerza por el hecho de que muchas de las tareas que realizamos parecen sencillas y rápidas. Revisar una notificación, responder un mensaje o alternar entre varias pestañas en un navegador puede parecer trivial, pero cada una de estas actividades requiere una **reconfiguración mental**. El cerebro debe reajustar sus circuitos cognitivos para concentrarse en la nueva tarea, lo que genera una pérdida de tiempo y energía. A largo plazo, este proceso de cambio continuo **cansa al cerebro**, lo que reduce nuestra capacidad de mantener la concentración durante periodos prolongados y aumenta la probabilidad de cometer errores.

Una de las razones por las que caemos en el mito de la multitarea es la **satisfacción inmediata** que nos proporciona. Cada vez que completamos una pequeña tarea, como responder a un mensaje o revisar una notificación, el cerebro libera una pequeña cantidad de **dopamina**, el neurotransmisor asociado con la recompensa. Esta liberación de dopamina refuerza el comportamiento, haciéndonos sentir que hemos sido productivos. Sin embargo, este ciclo de gratificación instantánea genera una ilusión de progreso. Estamos completando pequeñas tareas, pero no estamos avanzando en las actividades que requieren mayor enfoque y concentración profunda, que son las que realmente marcan una diferencia en nuestra productividad a largo plazo.

Además, la multitarea afecta negativamente nuestra **memoria**. Cuando cambiamos constantemente de una tarea a otra, el cerebro tiene dificultades para retener información a largo plazo. La **memoria de trabajo**, que es la parte del cerebro que retiene información temporalmente mientras realizamos una tarea, se satura cuando intentamos gestionar múltiples actividades al mismo tiempo. Esto no solo afecta nuestra capacidad para recordar lo que estábamos haciendo antes de la interrupción, sino que también reduce nuestra capacidad para **aprender** de manera efectiva y retener nuevos conocimientos.

El mito de la multitarea también está alimentado por la creencia de que ser

rápido es lo mismo que ser **eficiente**. En un mundo que valora la rapidez y la inmediatez, muchos de nosotros creemos que cambiar rápidamente entre tareas nos permitirá hacer más en menos tiempo. Sin embargo, la velocidad no es un indicador de productividad. Al intentar hacer más en menos tiempo, sacrificamos la **calidad** del trabajo y aumentamos el riesgo de errores, lo que nos obliga a dedicar más tiempo a corregir esos errores o a rehacer tareas mal ejecutadas. Este enfoque fragmentado al trabajo no solo genera más estrés, sino que también reduce el sentido de satisfacción al finalizar una tarea con éxito.

Otra consecuencia del multitasking es el impacto en nuestra **creatividad**. El pensamiento creativo requiere tiempo y espacio mental para que las ideas se desarrollen y evolucionen. Sin embargo, cuando estamos constantemente alternando entre tareas, no damos al cerebro el tiempo necesario para generar ideas nuevas o para resolver problemas de manera innovadora. La multitarea nos mantiene en un estado de **pensamiento superficial**, donde solo podemos procesar información en pequeños fragmentos, lo que limita nuestra capacidad para profundizar en un problema o desarrollar soluciones originales.

El mito de la multitarea no solo afecta nuestra **eficacia laboral**, sino también nuestras **relaciones personales**. En un entorno donde intentamos dividir nuestra atención entre varias cosas a la vez, la calidad de nuestras interacciones sociales también se ve comprometida. Es común ver a personas que, mientras conversan con alguien, revisan su teléfono o contestan correos electrónicos. Este comportamiento fragmenta la atención y reduce la calidad de la interacción, ya que no podemos dedicarnos completamente a una conversación cuando nuestra atención está dividida. Las relaciones se resienten cuando no estamos plenamente presentes, lo que genera una desconexión emocional y una falta de satisfacción en nuestras interacciones personales.

La multitarea también está relacionada con niveles más altos de **estrés**.

Al intentar gestionar varias tareas a la vez, el cerebro se ve obligado a trabajar más rápido y con mayor intensidad, lo que genera una sensación de **sobrecarga cognitiva**. Esta sobrecarga, combinada con la presión de completar varias actividades en un tiempo limitado, genera estrés y fatiga mental. A largo plazo, este estrés constante puede tener un impacto negativo en nuestra salud mental y bienestar, generando **ansiedad, agotamiento** y una sensación constante de estar "siempre ocupados" sin lograr resultados significativos.

En última instancia, la **multitarea es una ilusión**. Aunque puede parecer que estamos haciendo más en menos tiempo, lo cierto es que estamos sacrificando la calidad de nuestro trabajo, comprometiendo nuestra capacidad para concentrarnos profundamente y, en última instancia, reduciendo nuestra productividad. Para romper con el mito de la multitarea, es fundamental adoptar un enfoque más consciente en la gestión de nuestro tiempo y nuestra atención. **Enfocarse en una sola tarea a la vez**, profundizar en el trabajo sin interrupciones y dedicar tiempo a completar cada actividad de manera satisfactoria no solo mejorará nuestra productividad, sino que también reducirá el estrés y mejorará nuestra satisfacción personal.

Cómo realmente funciona el cerebro

Aunque muchos de nosotros estamos acostumbrados a intentar hacer múltiples cosas al mismo tiempo —desde contestar correos electrónicos mientras hablamos por teléfono hasta revisar nuestras redes sociales mientras vemos televisión—, la realidad es que el cerebro humano **no está diseñado para manejar múltiples tareas cognitivas** simultáneamente. Lo que ocurre cuando intentamos realizar varias actividades a la vez no es una verdadera multitarea, sino un **proceso de alternancia rápida** entre una tarea y otra. Este mecanismo, conocido como **cambio de contexto**, es ineficiente y conlleva costos significativos en términos de tiempo, energía y calidad del trabajo.

Para entender por qué el cerebro no puede realizar multitasking de manera efectiva, primero es importante comprender cómo funciona la **atención**. La atención es un recurso limitado y valioso que el cerebro utiliza para procesar información, tomar decisiones y resolver problemas. Cuando nos concentramos en una tarea, el cerebro dedica recursos específicos a esa actividad: ajusta la memoria de trabajo, accede a la información relevante, y utiliza redes neuronales especializadas para ejecutar la tarea de manera óptima. Sin embargo, cuando intentamos realizar varias tareas a la vez, el cerebro debe dividir su atención, lo que provoca un deterioro en el rendimiento.

El mito de que el cerebro puede manejar múltiples tareas al mismo tiempo surge de una **confusión entre tareas automáticas y cognitivamente exigentes**. Por ejemplo, podemos caminar y hablar al mismo tiempo porque caminar es una tarea automática que no requiere atención consciente. El cerebro puede gestionar tareas automáticas y tareas que requieren concentración simultáneamente sin mayor problema. Sin embargo, cuando intentamos combinar dos o más tareas cognitivamente demandantes, como escribir un informe mientras respondemos correos electrónicos, el cerebro entra en conflicto. No puede distribuir eficazmente su atención entre ambas actividades, lo que significa que cada tarea sufre una pérdida de calidad y eficiencia.

A nivel **neurológico**, el cerebro utiliza diferentes redes neuronales para procesar distintos tipos de tareas. La **corteza prefrontal**, responsable de la toma de decisiones, la planificación y el pensamiento racional, es fundamental para las tareas que requieren enfoque y concentración. Cuando estamos involucrados en una sola tarea, la corteza prefrontal está completamente comprometida en organizar los recursos necesarios para completar esa actividad. Sin embargo, cuando intentamos realizar múltiples tareas, esta región del cerebro se ve obligada a alternar entre diferentes tipos de procesos, lo que genera una interrupción en el flujo cognitivo.

Cada vez que el cerebro cambia de tarea, tiene que **reajustar** su enfoque y "reiniciar" el proceso de pensamiento para la nueva actividad. Este proceso de cambio puede parecer instantáneo, pero en realidad consume una cantidad significativa de **tiempo y energía**. A esto se le conoce como el **costo del cambio de contexto**, y es una de las razones principales por las que el multitasking nos hace menos productivos. Un estudio realizado por la **Universidad de Sussex** demostró que los cambios frecuentes entre tareas no solo aumentan el tiempo que se necesita para completarlas, sino que también afectan negativamente la calidad de cada tarea individual. En otras palabras, al intentar hacer más cosas a la vez, terminamos haciendo menos y peor.

Además, cada vez que el cerebro cambia de contexto, experimenta un breve **periodo de desorientación**, durante el cual tiene que **reacondicionar** las redes neuronales para adaptarse a la nueva tarea. Durante este tiempo, nuestra capacidad para recordar detalles importantes de la tarea anterior disminuye, y nuestra capacidad para concentrarnos en la nueva tarea es limitada. Este fenómeno es lo que explica por qué, después de ser interrumpidos en medio de una tarea, a menudo nos cuesta retomar exactamente donde lo dejamos. La mente no retiene toda la información que procesaba antes de la interrupción, lo que genera una pérdida de eficiencia y una mayor probabilidad de cometer errores.

La **memoria de trabajo**, que es el sistema que nos permite retener y manipular información temporalmente mientras realizamos una tarea, es particularmente vulnerable al multitasking. Cuando intentamos gestionar múltiples tareas a la vez, la memoria de trabajo se **sobrecarga** rápidamente. En lugar de poder mantener información relevante para una tarea específica, la memoria de trabajo se fragmenta, lo que nos lleva a olvidar detalles importantes, perder el hilo de lo que estábamos haciendo o cometer errores por falta de concentración. Este deterioro de la memoria de trabajo es uno de los efectos más inmediatos de intentar realizar varias tareas al mismo tiempo.

Otra área del cerebro que se ve afectada por el multitasking es el **hipocampo**, que está involucrado en la consolidación de recuerdos a largo plazo. Cuando el cerebro está sobrecargado por el cambio constante entre tareas, el hipocampo tiene dificultades para almacenar y organizar la información de manera efectiva. Esto significa que, al intentar realizar múltiples actividades, no solo reducimos nuestra capacidad de enfocarnos en el presente, sino que también comprometemos nuestra capacidad para **recordar** y aprender de manera significativa.

La **corteza cingulada anterior**, que actúa como una especie de monitor del cerebro, también juega un papel clave en cómo gestionamos las tareas. Esta región es responsable de detectar conflictos entre diferentes tipos de tareas y de ayudar al cerebro a decidir en qué debe concentrarse. Cuando estamos involucrados en multitasking, esta área se ve abrumada por la cantidad de decisiones que debe tomar, lo que resulta en un aumento del estrés y una disminución de la capacidad para realizar una tarea con precisión. La corteza cingulada anterior está diseñada para gestionar un flujo de información organizado, pero el multitasking introduce una **sobrecarga** que desestabiliza su funcionamiento.

Un aspecto interesante de cómo funciona el cerebro es que el multitasking afecta no solo a la **eficiencia** de nuestras tareas, sino también a nuestra **capacidad para disfrutar de ellas**. Cuando realizamos una sola tarea a la vez, el cerebro puede entrar en un estado de **flujo**, una experiencia psicológica en la que estamos completamente inmersos en la actividad, lo que genera una sensación de satisfacción y bienestar. Sin embargo, cuando dividimos nuestra atención entre varias actividades, es mucho más difícil alcanzar este estado de flujo, lo que significa que terminamos sintiéndonos menos satisfechos con nuestras actividades, incluso si las completamos.

El **estrés** es otra consecuencia importante de la manera en que el cerebro maneja múltiples tareas. Cuando el cerebro se ve obligado a alternar entre tareas, aumenta la **carga cognitiva**, lo que genera una mayor liberación de cortisol, la hormona del estrés. Este aumento en los niveles de cortisol no solo afecta nuestra capacidad para concentrarnos, sino que también genera **fatiga mental**, lo que nos hace sentir agotados después de un día de multitasking. A largo plazo, esta fatiga mental puede tener efectos negativos en nuestra salud, incluyendo el desarrollo de trastornos como la ansiedad y el agotamiento.

El **multitasking continuo** también afecta nuestra **creatividad**. La creatividad surge cuando el cerebro tiene tiempo y espacio para conectar ideas de manera profunda y original. Sin embargo, cuando estamos cambiando constantemente de una tarea a otra, el cerebro no tiene la oportunidad de entrar en los estados mentales que favorecen el pensamiento creativo. Al mantenernos en un estado de atención fragmentada, limitamos nuestra capacidad para generar nuevas ideas o resolver problemas de manera innovadora.

En última instancia, el cerebro humano funciona mejor cuando se enfoca en **una sola tarea a la vez**. Este enfoque profundo y sostenido permite al cerebro utilizar todos sus recursos cognitivos de manera eficiente, lo que mejora tanto la calidad del trabajo como la satisfacción personal. Para optimizar nuestro rendimiento y bienestar, es esencial comprender que el multitasking no es una habilidad deseable, sino un hábito contraproducente que debemos **desmitificar** y reemplazar por una gestión más consciente de nuestro tiempo y atención.

Los costos ocultos de la multitarea

La multitarea no solo es menos eficiente de lo que muchos creen, sino que también conlleva una serie de **costos ocultos** que van más allá de la simple pérdida de productividad. Aunque en la superficie parece que estamos siendo más productivos al realizar varias tareas a la vez, el impacto a largo plazo sobre la **calidad del trabajo**, el **uso del tiempo** y la **fatiga mental** es mucho más negativo de lo que solemos admitir. Estos costos son, en gran medida, invisibles en el momento, pero se acumulan con el tiempo, afectando nuestra capacidad para rendir al máximo y mantener un equilibrio mental saludable.

Uno de los principales costos ocultos de la multitarea es la **reducción en la calidad del trabajo**. Cada vez que intentamos alternar entre varias tareas cognitivas, nuestra capacidad para concentrarnos de manera profunda y mantener la precisión disminuye significativamente. Esto ocurre porque el cerebro necesita reiniciar su enfoque cada vez que cambia de tarea, lo que provoca un proceso de ajuste mental que consume tiempo y recursos cognitivos. A menudo, esta pérdida de enfoque resulta en **errores** que pasamos por alto, lo que reduce la calidad final de nuestras entregas.

Además, cuando dividimos nuestra atención, tendemos a **simplificar** las tareas. Como estamos tratando de gestionar múltiples demandas, el cerebro busca maneras de completar cada actividad lo más rápido posible. Este enfoque apresurado nos lleva a realizar un trabajo más **superficial**, donde el objetivo principal es completar la tarea en lugar de dedicar el tiempo necesario para hacerlo de manera óptima. La calidad del trabajo, por tanto, sufre porque no podemos profundizar en los detalles ni dar lo mejor de nosotros en cada tarea. Los resultados suelen ser menos precisos, más desorganizados y de menor calidad que si nos hubiéramos concentrado en una tarea a la vez.

Otro de los costos ocultos más significativos de la multitarea es la **pérdida de tiempo**. Aunque parece que estamos realizando varias tareas de manera simultánea, lo que realmente sucede es que estamos alternando entre actividades, lo que genera pérdidas de tiempo en cada cambio. Este fenómeno, conocido como el **costo del cambio de contexto**, implica que cada vez que el cerebro alterna entre tareas, necesita varios segundos, e incluso minutos, para restablecer el enfoque. Un estudio de la **American**

Psychological Association reveló que el cambio de una tarea a otra puede reducir la eficiencia hasta en un 40%, ya que el cerebro tarda en ajustarse al nuevo contexto.

A largo plazo, este costo de tiempo se acumula. Aunque parezca que estamos logrando más cosas a lo largo del día, en realidad estamos **prolongando** el tiempo necesario para completar cada tarea. Este fenómeno se agrava especialmente en tareas que requieren una concentración profunda, como la escritura, el análisis crítico o la resolución de problemas complejos. Cada interrupción fragmenta el flujo de trabajo y nos obliga a dedicar más tiempo a la tarea de lo que habríamos hecho si hubiéramos trabajado en ella de manera continua. Además, la multitarea afecta nuestra capacidad para cumplir plazos, ya que muchas veces nos vemos obligados a corregir errores o rehacer trabajo que no fue realizado con suficiente atención desde el principio.

Otro costo oculto que conlleva la multitarea es la **fatiga mental**. Alternar constantemente entre tareas exige un gran esfuerzo cognitivo que agota los recursos mentales del cerebro. Al estar en un estado de alerta constante, el cerebro se sobrecarga tratando de gestionar múltiples fuentes de información, lo que lleva a una sensación de **agotamiento** y **estrés**. La **corteza prefrontal**, que es la región del cerebro responsable de la planificación, la toma de decisiones y el enfoque, se ve especialmente afectada por la multitarea. Esta sobrecarga genera una sensación de cansancio que no solo afecta nuestra capacidad para concentrarnos, sino que también reduce nuestra creatividad y nuestra capacidad para pensar de manera crítica.

La **fatiga mental** inducida por la multitarea también tiene consecuencias a largo plazo en nuestra **salud emocional**. El esfuerzo constante por cambiar de una tarea a otra genera **frustración**, ya que rara vez sentimos que hemos completado algo de manera satisfactoria. En lugar de experimentar la satisfacción de finalizar una tarea importante, nos encontramos saltando de actividad en actividad, lo que provoca una sensación de **incompletitud**. Esta falta de satisfacción afecta negativamente nuestra motivación, lo que hace que el trabajo se sienta más pesado y menos gratificante.

La multitarea también está vinculada a **niveles elevados de estrés**. Cuando intentamos gestionar varias tareas al mismo tiempo, sentimos que debemos estar en un estado de alta productividad constante, lo que aumenta la presión sobre nosotros mismos para **mantener el ritmo**. Este estrés adicional no solo afecta nuestra salud mental, sino que también genera una disminución en nuestra capacidad para regular nuestras emociones. A medida que aumenta el estrés, somos más propensos a experimentar episodios de ansiedad, irritabilidad e incluso agotamiento.

A largo plazo, los efectos acumulativos de la multitarea pueden conducir al **burnout**, o síndrome de agotamiento profesional. El burnout es el resultado de un estrés prolongado y la incapacidad de desconectar de las demandas laborales o personales, lo que provoca un agotamiento físico y emocional. La multitarea es una de las causas principales del burnout en el entorno moderno, ya que genera una sensación constante de **estar ocupado** sin lograr avanzar de manera significativa. Esta sobrecarga emocional puede tener efectos devastadores en la salud mental, contribuyendo a la aparición de trastornos de ansiedad y depresión.

Además de los impactos en la calidad del trabajo, el tiempo y la fatiga mental, la multitarea afecta nuestra **memoria**. El **hipocampo**, la región del cerebro responsable de la consolidación de recuerdos, se ve sobrecargado cuando intentamos gestionar múltiples fuentes de información a la vez. Como resultado, nuestra capacidad para recordar detalles importantes y retener nueva información se ve comprometida. Este deterioro de la memoria no solo afecta nuestra eficiencia en el trabajo, sino que también genera una sensación de **desorganización** y **confusión**, lo que nos lleva a cometer errores o a olvidar tareas importantes.

Otro de los costos ocultos de la multitarea es la **pérdida de habilidades cognitivas a largo plazo**. Cuando dividimos constantemente nuestra atención entre diferentes tareas, entrenamos al cerebro para enfocarse en actividades superficiales en lugar de profundizar en problemas complejos. Esto no solo afecta nuestra capacidad para resolver problemas y pensar críticamente, sino que también reduce nuestra **creatividad**. La multitarea limita la capacidad del cerebro para generar ideas nuevas y originales, ya que lo mantiene atrapado en un ciclo de atención fragmentada.

La **incapacidad para alcanzar el estado de flujo** es otro de los costos ocultos de la multitarea. El **flujo** es un estado mental en el que estamos completamente inmersos en una tarea, perdiendo la noción del tiempo y experimentando una profunda satisfacción. Este estado es esencial para la creatividad, la resolución de problemas y el bienestar emocional, pero es casi imposible de alcanzar cuando estamos constantemente cambiando de una tarea a otra. La multitarea nos mantiene en un estado de distracción constante, lo que nos impide disfrutar de los beneficios del flujo y, en consecuencia, reduce nuestra capacidad para sentirnos verdaderamente satisfechos con nuestro trabajo.

Finalmente, la multitarea también afecta nuestras **relaciones interpersonales**. Al intentar gestionar varias tareas al mismo tiempo, muchas veces no estamos plenamente presentes en nuestras interacciones con los demás. Revisar el teléfono mientras hablamos con alguien o atender un correo electrónico durante una reunión no solo fragmenta nuestra atención, sino que también genera una desconexión emocional con las personas que nos rodean. Esta falta de atención plena en nuestras interacciones puede afectar negativamente nuestras relaciones, tanto en el ámbito personal como profesional.

En resumen, los **costos ocultos** de la multitarea son profundos y afectan varios aspectos de nuestra vida. Desde la calidad del trabajo y el uso del tiempo hasta la fatiga mental y el bienestar emocional, los efectos de intentar gestionar múltiples tareas simultáneamente son más perjudiciales de lo que solemos percibir en el momento. Reconocer estos costos es el primer paso para cambiar nuestra relación con el trabajo y aprender a concentrarnos en una sola tarea a la vez, lo que nos permitirá mejorar tanto nuestra productividad como nuestra salud mental.

7

LA SOCIEDAD DE LA DISTRACCIÓN

Las distracciones no solo impactan nuestra productividad, sino también nuestras relaciones interpersonales. Este capítulo explora cómo los estímulos externos —desde las redes sociales hasta las constantes interrupciones tecnológicas— interfieren con la calidad de nuestras interacciones sociales. Reflexionamos sobre cómo la tecnología ha creado un entorno donde las relaciones humanas se vuelven más superficiales, lo que nos lleva a buscar conexiones más auténticas. Discutiremos cómo podemos reconectar con los demás en un mundo donde la distracción parece ser la norma.

Un mundo de interrupciones

Vivimos en un **mundo de interrupciones**. Los estímulos externos, desde las notificaciones en nuestros teléfonos hasta las actualizaciones constantes en redes sociales, han penetrado en casi todos los aspectos de nuestra vida diaria, interfiriendo no solo con nuestra productividad, sino también con nuestras **interacciones sociales y personales**. Lo que antes eran momentos de atención plena, tanto en las relaciones laborales como en las personales, ahora se ven fragmentados por interrupciones digitales que nos alejan del momento presente. En esta nueva realidad, las relaciones interpersonales están siendo erosionadas por una constante batalla por nuestra atención.

En el ámbito social, las **interrupciones digitales** son casi omnipresentes. Es común ver a personas revisando sus teléfonos mientras mantienen una conversación, interrumpiendo momentos íntimos o importantes para atender notificaciones que en su mayoría no son urgentes. Lo que a menudo percibimos como interacciones inofensivas con la tecnología —revisar un mensaje o ver una actualización en redes sociales— en realidad **fragmenta** nuestra atención y nos impide estar plenamente presentes en nuestras relaciones. Este fenómeno no solo afecta la calidad de nuestras interacciones, sino que también genera una desconexión emocional con las personas que nos rodean.

Las **interrupciones externas** pueden parecer insignificantes, pero cada vez que nos distraemos de una conversación o de un momento social para revisar nuestro teléfono, estamos enviando una señal clara: algo más ha capturado nuestra atención. Este comportamiento genera una sensación de **desvalorización** en las personas con las que interactuamos. Cuando alguien que está hablando con nosotros se da cuenta de que hemos dejado de prestar atención por revisar una notificación, la conversación pierde su fluidez, la conexión emocional se debilita y surge una sensación de distanciamiento. Las interrupciones constantes hacen que nuestras relaciones se vuelvan superficiales, ya que nunca estamos realmente inmersos en las interacciones.

En las relaciones personales, este impacto es aún más pronunciado. En momentos que deberían ser íntimos, como cenas familiares, salidas con amigos o conversaciones profundas con nuestra pareja, las **distracciones tecnológicas** se interponen, creando una barrera invisible entre las personas. El acto de revisar el teléfono o responder a una notificación, aunque solo dure unos segundos, interrumpe el flujo emocional de la interacción. Estudios han demostrado que la mera **presencia de un teléfono móvil** sobre la mesa, incluso si no se usa, puede disminuir la calidad de la conversación, ya que ambas partes sienten que en cualquier momento puede surgir una interrupción. Esto genera una falta de **atención plena** que afecta nuestra capacidad para conectar de manera significativa.

El fenómeno del **"phubbing"** —ignorar a alguien a favor de un dispositivo móvil— es un claro ejemplo de cómo las interrupciones externas interfieren con nuestras relaciones personales. Este comportamiento no solo afecta la calidad de la interacción en el momento, sino que, con el tiempo, puede generar resentimiento y una sensación de aislamiento en las personas afectadas. En el contexto de las relaciones de pareja, por ejemplo, el phubbing puede llevar a una disminución en la **satisfacción** de la relación, ya que una de las partes siente que no está recibiendo la atención y la consideración que merece.

Además, la **economía de la atención**, un fenómeno en el que las empresas tecnológicas compiten por capturar y mantener nuestra atención, exacerba el problema. Las plataformas digitales están diseñadas para interrumpirnos y mantenernos conectados durante el mayor tiempo posible. Cada notificación, cada "me gusta" y cada actualización está cuidadosamente calculada para activar los centros de recompensa del cerebro, liberando dopamina y generando un ciclo de dependencia de la tecnología. Esta dinámica no solo fragmenta nuestra atención, sino que también **refuerza** el hábito de buscar estímulos externos incluso en momentos que deberían estar dedicados a las relaciones interpersonales.

A nivel social más amplio, la **constante interrupción de los estímulos digitales** está transformando la forma en que nos relacionamos con los demás. Las interacciones cara a cara se ven cada vez más desplazadas por conversaciones digitales que, aunque útiles, carecen de la riqueza emocional y la conexión que proporcionan las interacciones en persona. Este cambio está afectando profundamente nuestra capacidad para desarrollar **empatía** y entender a los demás en un nivel emocional más profundo. Cuando nuestra atención está constantemente dividida entre una interacción social y una pantalla, se hace difícil leer las señales emocionales de la otra persona, lo que disminuye nuestra capacidad para conectar y construir relaciones significativas.

La interrupción de los estímulos también afecta la **calidad de nuestras conversaciones**. En lugar de tener conversaciones largas, profundas y reflexivas, las interacciones sociales tienden a volverse más breves y fragmentadas. Saltamos de tema en tema, interrumpidos por notificaciones o la necesidad de revisar nuestros teléfonos. Esto no solo reduce la profundidad de nuestras interacciones, sino que también disminuye nuestra capacidad para mantener **conversaciones sostenidas**, lo que es esencial para fortalecer las relaciones. Las conversaciones profundas requieren tiempo y atención plena, pero en un mundo lleno de interrupciones, esos momentos se están volviendo cada vez más raros.

Además de las relaciones personales y sociales, la constante interrupción de los estímulos digitales también está afectando nuestras **relaciones profesionales**. En un entorno laboral, la capacidad de escuchar activamente, prestar atención a los detalles y conectar emocionalmente con colegas es clave para construir equipos efectivos y productivos. Sin embargo, las interrupciones digitales en el trabajo, como correos electrónicos, mensajes instantáneos o notificaciones de redes sociales, fragmentan la comunicación y afectan la calidad de nuestras interacciones profesionales. Estas interrupciones no solo generan **malentendidos**, sino que también dificultan la construcción de relaciones de confianza en el trabajo.

Otro efecto importante de este mundo lleno de interrupciones es la forma en que afecta nuestro **sentido del tiempo** y la **presencia** en el momento. Las constantes interrupciones digitales nos alejan del presente, haciendo que nuestros momentos sociales se sientan menos satisfactorios y más fragmentados. Al estar siempre atentos a lo que sucede en nuestras pantallas, nos perdemos los pequeños detalles que hacen que una interacción sea significativa: una sonrisa, un gesto, o un comentario sutil que revela más sobre lo que la otra persona está sintiendo. En lugar de estar presentes en el momento, estamos siempre anticipando la próxima notificación o interrupción, lo que nos aleja de las experiencias reales que construyen nuestras relaciones.

La **sobrecarga de estímulos** no solo interrumpe nuestras interacciones con los demás, sino que también **erosiona nuestra capacidad de disfrutar** de los momentos de calma y conexión. En un mundo sin interrupciones constantes, las interacciones personales podían ser fuentes de profundo placer y satisfacción. Sin embargo, con la llegada de las distracciones digitales, la capacidad para experimentar plenamente el momento se ve reducida. Esto afecta no solo la calidad de nuestras relaciones, sino también nuestro bienestar emocional, ya que perdemos la capacidad de disfrutar del presente y de las conexiones humanas que nos rodean.

En última instancia, el **mundo de interrupciones** en el que vivimos está redefiniendo la forma en que nos relacionamos con los demás. Las interacciones superficiales, fragmentadas por constantes distracciones, están desplazando la atención plena y la conexión emocional que son esenciales para nuestras relaciones. Para contrarrestar este fenómeno, es esencial **reconocer** el impacto de las interrupciones digitales en nuestras interacciones y tomar medidas para **proteger** nuestra atención cuando estamos con otras personas. Esto podría incluir estrategias como poner los teléfonos fuera de alcance durante las interacciones sociales o establecer momentos libres de tecnología en los que podamos conectarnos plenamente con los demás.

Relaciones superficiales en la era digital

En la era digital, donde estamos constantemente conectados a través de redes sociales, aplicaciones de mensajería y plataformas de comunicación instantánea, las **relaciones humanas** parecen más accesibles que nunca. Con solo unos pocos clics o toques en la pantalla, podemos enviar mensajes a amigos, colegas o familiares en cualquier parte del mundo. Sin embargo, aunque esta hiperconectividad parece acercarnos, la **sobrecarga sensorial** que acompaña a la vida digital está erosionando la **profundidad** de nuestras relaciones, reemplazando la conexión humana genuina por interacciones más **superficiales** y breves.

La **sobrecarga sensorial** en el contexto digital se refiere al flujo constante de información, notificaciones y estímulos que bombardean nuestros sentidos a lo largo del día. Esta avalancha de estímulos no solo afecta nuestra capacidad para concentrarnos y ser productivos, sino que también tiene un impacto significativo en nuestras **relaciones interpersonales**. Al estar expuestos a una cantidad abrumadora de información, nuestros cerebros tienden a procesar las interacciones sociales de manera rápida y superficial, en lugar de dedicar tiempo y energía a conexiones más profundas y significativas.

Uno de los factores clave que contribuye a la **superficialidad** de las relaciones en la era digital es la **velocidad y brevedad** de las interacciones en línea. En lugar de tener conversaciones largas y reflexivas, a menudo nos limitamos a intercambiar mensajes breves y directos, donde el objetivo es transmitir información rápidamente, en lugar de fomentar una comprensión profunda o una conexión emocional. Las aplicaciones de mensajería, las redes sociales y las plataformas de comunicación en línea están diseñadas para facilitar este tipo de interacciones rápidas, lo que nos acostumbra a un estilo de comunicación más fragmentado y menos profundo.

Además, la **cultura del "like"** y las reacciones instantáneas en redes sociales refuerzan esta tendencia hacia la superficialidad. En lugar de tener una conversación real con alguien sobre sus pensamientos, emociones o experiencias, a menudo respondemos con un simple "me gusta" o una reacción rápida que, aunque reconozca la interacción, no fomenta una conexión significativa. Este comportamiento se ha vuelto tan común que, para muchas personas, interactuar en línea ha pasado de ser un medio para profundizar las relaciones a una forma de **mantener conexiones mínimas**, suficientes para cumplir con la expectativa social de estar en contacto, pero sin el esfuerzo emocional que conlleva una interacción más personal.

La **multitarea social** también ha contribuido a la erosión de la profundidad de nuestras relaciones. En lugar de dedicar toda nuestra atención a una conversación o a una interacción, a menudo estamos haciendo varias cosas al mismo tiempo: revisamos mensajes mientras miramos una película, enviamos correos electrónicos mientras estamos en reuniones familiares, o respondemos a notificaciones mientras mantenemos conversaciones en persona. Este comportamiento fragmentado reduce nuestra capacidad para estar plenamente presentes en cualquier interacción, lo que afecta la **calidad de la conexión** que podemos establecer con los demás. Aunque físicamente estamos participando en la interacción, mentalmente estamos divididos entre múltiples estímulos, lo que nos impide conectarnos de manera significativa.

Además, la **curaduría digital** de nuestras vidas en las redes sociales también ha contribuido a la creación de relaciones superficiales. En lugar de compartir nuestras emociones o experiencias de manera auténtica, a menudo editamos nuestras vidas para presentarlas de la mejor manera posible en línea. Este fenómeno, conocido como el **efecto de la "autopresentación"**, refuerza la idea de que las interacciones en línea deben ser rápidas, agradables y libres de complicaciones. Como resultado, evitamos profundizar en temas complejos o difíciles, lo que limita nuestra capacidad para construir relaciones basadas en la **vulnerabilidad** y la confianza, elementos esenciales para las conexiones humanas profundas.

Las relaciones **superficiales** también están impulsadas por la **cantidad sobre la calidad** de las interacciones. En la era digital, muchas personas se sienten presionadas por mantener un gran número de conexiones sociales, ya sea a través de redes sociales, plataformas de mensajería o comunidades en línea. Sin embargo, esta búsqueda de más conexiones suele venir a expensas de la **profundidad emocional**. En lugar de dedicar tiempo a nutrir unas pocas relaciones importantes, muchas veces nos encontramos dispersando nuestra atención entre un gran número de personas, lo que genera interacciones más superficiales y menos significativas. La sobrecarga sensorial refuerza esta dispersión, ya que estamos constantemente moviéndonos de una interacción a otra sin poder dedicar el tiempo necesario para profundizar.

Otro aspecto de la superficialidad en las relaciones digitales es la **pérdida de la comunicación no verbal**, que es crucial para una conexión humana profunda. En las interacciones cara a cara, los gestos, el tono de voz, las expresiones faciales y el contacto visual juegan un papel fundamental en la comunicación. Estos elementos no solo nos permiten entender mejor lo que la otra persona está diciendo, sino que también nos ayudan a **empatizar** y conectar emocionalmente. Sin embargo, en la mayoría de las interacciones digitales, estos elementos no están presentes, lo que limita nuestra capacidad para comprender completamente las emociones y los sentimientos del otro. Esto hace que las interacciones en línea se sientan más vacías, menos satisfactorias y, en última instancia, menos significativas.

Además, la **permanente búsqueda de estímulos nuevos** en la era digital ha generado una cultura de **impaciencia** en las relaciones. Nos hemos acostumbrado tanto a la gratificación instantánea proporcionada por la tecnología que ahora esperamos lo mismo en nuestras interacciones personales. Las relaciones, sin embargo, requieren **tiempo, paciencia y dedicación** para desarrollarse de manera profunda y significativa. Pero en un mundo donde todo sucede rápidamente y donde estamos acostumbrados a obtener respuestas inmediatas, hemos perdido la capacidad de esperar y de invertir el tiempo necesario para construir relaciones que vayan más allá de lo superficial. La inmediatez digital está moldeando nuestras expectativas, y esto tiene un impacto directo en la calidad de nuestras conexiones humanas.

La superficialidad en las relaciones también puede tener consecuencias más amplias en términos de **salud emocional**. Las relaciones profundas y significativas son esenciales para nuestro bienestar emocional, ya que nos proporcionan un sentido de pertenencia, apoyo y comprensión. Sin embargo, cuando nuestras interacciones se vuelven más superficiales, perdemos gran parte de estos beneficios emocionales. Las relaciones superficiales pueden generar una sensación de **soledad**, incluso cuando estamos rodeados de personas o conectados digitalmente. Esta "soledad conectada" es una de las paradojas de la era digital: aunque tenemos más medios de comunicación que nunca, nuestras conexiones humanas se sienten más distantes y menos satisfactorias.

Para contrarrestar esta tendencia hacia la superficialidad en nuestras relaciones, es necesario **revaluar nuestra forma de interactuar** en el mundo digital. Es fundamental **tomar consciencia** de cómo la sobrecarga sensorial afecta la calidad de nuestras conexiones y hacer un esfuerzo consciente para recuperar la profundidad emocional en nuestras relaciones. Esto puede implicar reducir la cantidad de tiempo que pasamos en redes sociales o mensajería instantánea, limitar la multitarea en nuestras interacciones y dedicar más tiempo a conversaciones más largas, reflexivas y significativas, tanto en persona como en línea.

Además, **restaurar el valor de la vulnerabilidad** en nuestras relaciones es clave para superar la superficialidad. Las conexiones profundas no pueden formarse sin una disposición a compartir nuestras emociones, pensamientos y experiencias de manera auténtica. Para ello, es necesario alejarnos de la "autopresentación" idealizada que promovemos en las redes sociales y empezar a mostrar nuestras **imperfecciones** y emociones reales. Solo a través de la honestidad y la vulnerabilidad podemos construir la confianza necesaria para desarrollar relaciones significativas y duraderas.

Reconectando en un mundo distraído

En medio de la constante sobrecarga sensorial y la distracción digital, recuperar la **profundidad** y la **autenticidad** en nuestras relaciones personales parece un desafío monumental. La tecnología, aunque facilita la comunicación, también fragmenta nuestra atención y nos aleja de la **conexión humana significativa**. Sin embargo, la solución no es rechazar la tecnología por completo, sino aprender a **gestionar nuestra atención** de manera más consciente y priorizar el tiempo y la calidad en nuestras interacciones. Existen **estrategias** que pueden ayudarnos a reconstruir relaciones más profundas y auténticas, a pesar de la saturación de estímulos que enfrentamos diariamente.

Una de las primeras estrategias para reconectar en un mundo distraído es **proteger nuestro tiempo de interacción de las distracciones digitales**. Esto implica **crear momentos libres de tecnología**, donde podamos estar plenamente presentes con las personas a nuestro alrededor. Ya sea durante una cena, una reunión familiar o una conversación con amigos, establecer "zonas libres de tecnología" es una forma efectiva de garantizar que nuestra atención esté dedicada exclusivamente a la interacción. Poner los teléfonos fuera de alcance o apagarlos por completo durante estos momentos permite que las conversaciones se desarrollen sin interrupciones, fomentando una **escucha activa** y un intercambio genuino de emociones y pensamientos.

Otra estrategia clave es practicar la **escucha activa**. En un mundo donde las distracciones son constantes, muchas veces tendemos a escuchar de manera superficial, mientras dividimos nuestra atención entre lo que la otra persona está diciendo y nuestros dispositivos o pensamientos. La **escucha activa** implica estar completamente presente en la conversación, no solo escuchando las palabras de la otra persona, sino también prestando atención a las señales no verbales, el tono de voz y las emociones que subyacen a sus palabras. Este tipo de atención plena es esencial para construir relaciones profundas y auténticas, ya que demuestra a la otra persona que valoramos su tiempo y sus pensamientos.

El **monotasking social** es otra práctica importante para reconstruir relaciones en un mundo saturado de distracciones. Tal como el multitasking deteriora la calidad del trabajo, la **multitarea en las interacciones sociales** también fragmenta nuestra atención y reduce la profundidad de nuestras conexiones. En lugar de intentar hacer varias cosas al mismo tiempo mientras interactuamos con los demás, es fundamental enfocarse exclusivamente en la interacción. Evitar responder correos electrónicos o revisar redes sociales mientras estamos en una conversación permite que nuestra atención sea plena, lo que mejora la calidad de la interacción y fortalece la conexión emocional.

Además, es crucial **priorizar la calidad sobre la cantidad** en nuestras relaciones. En la era digital, muchas veces sentimos la presión de mantener una gran cantidad de conexiones sociales, ya sea a través de redes sociales o aplicaciones de mensajería. Sin embargo, es mucho más valioso nutrir **unas pocas relaciones importantes y significativas**, dedicando tiempo y energía a esas conexiones en lugar de dispersar nuestra atención en interacciones superficiales con un gran número de personas. Esto no significa cortar lazos con conocidos o amigos menos cercanos, sino más bien **centrar** nuestros esfuerzos en aquellas relaciones que verdaderamente nos aportan valor y que requieren una mayor inversión emocional.

Recuperar el valor de las interacciones cara a cara es otra estrategia esencial para reconstruir la autenticidad en nuestras relaciones. Aunque la tecnología ha facilitado enormemente la comunicación a distancia, nada puede reemplazar la **riqueza emocional** que se experimenta en una conversación en persona. El contacto visual, las expresiones faciales y el lenguaje corporal son fundamentales para construir relaciones profundas. Siempre que sea posible, priorizar las interacciones en persona sobre las digitales puede ayudarnos a recuperar esa **intimidad emocional** que se pierde en las conversaciones en línea. Incluso cuando estamos físicamente separados, las videollamadas, que permiten al menos algo de contacto visual y señales no verbales, son una mejor opción que los mensajes de texto o los correos electrónicos.

Un aspecto clave para reconectar en un mundo distraído es **restaurar la vulnerabilidad** en nuestras relaciones. La tecnología a menudo nos anima a proyectar una versión idealizada de nosotros mismos, especialmente en redes sociales, lo que genera interacciones superficiales. Sin embargo, las relaciones más profundas y auténticas se construyen sobre la **honestidad** y la **vulnerabilidad**. Compartir nuestras luchas, emociones y desafíos personales con los demás, en lugar de limitar nuestras conversaciones a temas superficiales o agradables, crea un espacio de confianza y empatía. Esta vulnerabilidad no solo fortalece nuestras relaciones, sino que también nos permite **conectar emocionalmente** de manera más profunda con las personas a nuestro alrededor.

Además de restaurar la vulnerabilidad, es importante practicar el **agradecimiento consciente** en nuestras relaciones. En un mundo saturado de estímulos, es fácil dar por sentado nuestras interacciones o no prestar suficiente atención a las personas que nos rodean. Tomarse el tiempo para expresar **gratitud** genuina hacia las personas con las que interactuamos, ya sea por su tiempo, su atención o su apoyo emocional, puede ser una herramienta poderosa para profundizar las relaciones. La gratitud fortalece los lazos emocionales y nos recuerda el valor de las conexiones humanas en un entorno donde las distracciones tienden a diluir esos momentos de conexión.

Otra estrategia importante es **ser consciente del uso de las redes sociales** y cómo estas plataformas afectan nuestras relaciones. Aunque las redes sociales ofrecen una forma conveniente de mantenerse en contacto con un gran número de personas, también tienden a fomentar la superficialidad. Para reconstruir relaciones más profundas, es importante no depender exclusivamente de las interacciones en línea para mantener nuestras relaciones. En lugar de limitar nuestras interacciones a "me gusta" y comentarios rápidos en publicaciones, podemos usar estas plataformas como un punto de partida para **conversaciones más largas** y significativas, ya sea en persona, por teléfono o a través de videollamadas.

El **desarrollo de hábitos de desconexión** es otra estrategia fundamental para proteger nuestras relaciones en un mundo distraído. La **desconexión digital intencional**, que implica alejarse de los dispositivos durante periodos específicos del día, nos permite no solo descansar mentalmente, sino también **reconectar** con quienes nos rodean. Establecer momentos regulares de desconexión, como "domingos sin tecnología" o "noches sin pantallas", puede ser un punto de partida efectivo para nutrir relaciones personales y sociales sin la interferencia de las distracciones digitales. Este tiempo de calidad sin interrupciones nos ofrece la oportunidad de estar plenamente presentes en nuestras interacciones.

Además, es importante **fomentar la paciencia** en un mundo que nos ha acostumbrado a la gratificación instantánea. Las relaciones profundas requieren tiempo y esfuerzo, y no siempre ofrecen una recompensa inmediata. En lugar de buscar resultados rápidos o interacciones que nos brinden satisfacción instantánea, debemos aprender a **valorar el proceso** de construir relaciones a lo largo del tiempo. La paciencia nos permite profundizar nuestras conexiones a medida que compartimos experiencias, crecemos juntos y superamos obstáculos, lo que fortalece la confianza y el entendimiento mutuo.

Finalmente, una de las estrategias más poderosas para reconectar en un mundo distraído es **dedicar tiempo de calidad** a nuestras relaciones. En lugar de medir nuestras interacciones por la cantidad de tiempo que pasamos con los demás, debemos centrarnos en la **calidad** de ese tiempo. Esto significa planificar momentos específicos para estar con amigos, familiares o pareja, donde podamos desconectar del mundo digital y enfocarnos completamente en la persona que tenemos enfrente. Al final del día, la clave para reconstruir relaciones más profundas y auténticas radica en **cómo usamos nuestro tiempo,** no en cuántas interacciones mantenemos.

8

EL CONSUMISMO SENSORIAL

El consumismo no solo se manifiesta en la compra de productos físicos, sino también en la forma en que consumimos estímulos sensoriales. En este capítulo, analizamos cómo la publicidad y el marketing digital están diseñados para captar y retener nuestra atención, fomentando un ciclo de sobreestimulación y saturación. A medida que el capitalismo moderno nos empuja hacia el exceso de elección y estimulación, reflexionaremos sobre la necesidad de reducir la cantidad de estímulos que consumimos y priorizar la calidad sobre la cantidad para recuperar nuestro equilibrio sensorial.

El diseño de la atención

En la era digital, la **atención** es uno de los recursos más valiosos y codiciados. Las empresas tecnológicas, los anunciantes y los creadores de contenido han desarrollado estrategias sofisticadas para **capturar y retener nuestra atención** durante el mayor tiempo posible. Desde las redes sociales hasta las plataformas de video y los anuncios en línea, cada uno de estos productos está diseñado no solo para atraer nuestra mirada, sino para mantenernos **enganchados**, extrayendo el máximo valor de cada segundo que pasamos interactuando con ellos. Este fenómeno, conocido como la **economía de la atención**, ha transformado profundamente la forma en que consumimos información, productos y experiencias en el mundo digital.

El **diseño de la atención** se refiere a las técnicas deliberadas que emplean las plataformas digitales y los productos para captar nuestra atención. Estas estrategias están respaldadas por investigaciones en neurociencia y psicología del comportamiento, que han permitido a los diseñadores identificar los **puntos débiles** de la mente humana, como la curiosidad, el miedo a perdernos algo (FOMO), y la búsqueda de gratificación instantánea. A través de la combinación de estos conocimientos, los productos digitales se han convertido en auténticos **imanes de atención**, manteniéndonos enganchados incluso cuando no nos damos cuenta de que estamos siendo manipulados.

Uno de los ejemplos más claros del diseño de la atención se encuentra en las **redes sociales**. Plataformas como Facebook, Instagram, TikTok y Twitter están diseñadas para mantener a los usuarios conectados el mayor tiempo posible, alimentando un flujo constante de contenido que busca maximizar el tiempo de pantalla. Los algoritmos de estas plataformas están programados para mostrar contenido que es altamente relevante o atractivo para cada usuario, basándose en sus **hábitos de navegación**, interacciones previas y preferencias. Este sistema, que se ajusta continuamente, crea una experiencia personalizada que optimiza la atención de cada individuo, haciendo que los usuarios vuelvan una y otra vez.

La **personalización de los feeds** es una de las herramientas más efectivas en este diseño. Cada vez que abrimos una aplicación de redes sociales, nos encontramos con un feed diseñado específicamente para nosotros, lleno de publicaciones, fotos o videos que son relevantes para nuestros intereses y gustos. Esta personalización crea una especie de **bucle de retroalimentación** en el que el usuario siente que siempre hay algo nuevo y emocionante que descubrir, lo que genera un comportamiento adictivo.

Los algoritmos seleccionan cuidadosamente qué contenido mostrar para maximizar el tiempo que pasamos interactuando con la plataforma. Si alguna vez hemos pasado más tiempo del que esperábamos desplazándonos por nuestro feed de Instagram o viendo videos en TikTok, es una señal clara de que estos sistemas están funcionando como se diseñaron: para **atraparnos**.

Un componente clave del diseño de la atención en las redes sociales es el uso de **notificaciones**. Las notificaciones están diseñadas para interrumpirnos, capturar nuestra atención y llevarnos de vuelta a la aplicación. Cada vez que recibimos una notificación —ya sea de un "me gusta", un comentario o una nueva publicación— nuestro cerebro experimenta una pequeña liberación de **dopamina**, el neurotransmisor asociado con la recompensa. Esta pequeña dosis de gratificación refuerza nuestro comportamiento de revisar el teléfono o abrir la aplicación, creando un ciclo de retroalimentación que mantiene nuestra atención enganchada. A medida que las notificaciones continúan llegando a lo largo del día, se convierte en un hábito compulsivo revisar nuestros dispositivos.

La publicidad también juega un papel crucial en el diseño de la atención. Las empresas invierten enormes cantidades de dinero en **anuncios dirigidos** que aprovechan los datos recopilados sobre nuestros comportamientos en línea para mostrar productos y servicios que captarán nuestra atención de manera precisa. Los anuncios en redes sociales y plataformas de búsqueda no son aleatorios; están cuidadosamente dirigidos a usuarios específicos en función de sus hábitos, intereses y comportamientos previos. La **publicidad programática**, que utiliza algoritmos para determinar en tiempo real qué anuncios mostrar a cada usuario, se ha vuelto cada vez más sofisticada, optimizando los anuncios no solo para captar nuestra atención, sino para mantenerla.

Uno de los mejores ejemplos de publicidad diseñada para retener nuestra atención se encuentra en las **campañas de retargeting**. Estos anuncios nos siguen de un sitio a otro, recordándonos productos que hemos visto previamente o incitándonos a completar una compra que abandonamos. El objetivo de estas campañas es mantener el producto o servicio en la mente del usuario, asegurándose de que no lo olvidemos. Este tipo de publicidad explota nuestra **memoria de trabajo** y nuestra necesidad de gratificación instantánea, creando un sentimiento de urgencia para realizar una compra o tomar una acción.

El diseño de la atención también se manifiesta en las técnicas que utilizan las aplicaciones y plataformas para **retener a los usuarios**. Por ejemplo, plataformas como YouTube y Netflix emplean la **reproducción automática**, que carga automáticamente el siguiente video o episodio sin requerir que el usuario haga clic. Esta técnica se basa en la **inercia del comportamiento**: una vez que empezamos a ver algo, es más fácil seguir viendo que detenernos y tomar la decisión consciente de dejar de consumir contenido. De esta manera, estas plataformas **alargan** nuestro tiempo de visualización sin darnos la oportunidad de reconsiderar si realmente queremos continuar.

Otra técnica de retención que se ha vuelto cada vez más popular es el uso de "**scroll infinito**" en redes sociales y sitios web. El desplazamiento infinito elimina la barrera psicológica que normalmente se produciría al llegar al final de una página o una lista de contenido, haciendo que la experiencia de consumo se sienta continua y sin fin. Al eliminar los puntos de pausa naturales, los usuarios son incentivados a seguir desplazándose por más tiempo, lo que genera mayores niveles de **compromiso** y atención. Esta técnica no solo afecta nuestra atención, sino que también reduce nuestra percepción del tiempo, lo que significa que podemos pasar horas en una plataforma sin darnos cuenta de cuánto tiempo ha transcurrido.

En términos de productos físicos, muchas marcas y diseñadores de productos han adoptado las mismas estrategias que vemos en el diseño de plataformas digitales. Por ejemplo, los dispositivos móviles están diseñados para ser **altamente atractivos** visual y funcionalmente, con interfaces intuitivas y fáciles de usar que nos invitan a interactuar con ellos de manera constante.

Los fabricantes de teléfonos inteligentes, aplicaciones y software invierten grandes recursos en crear **experiencias de usuario** que no solo sean eficientes, sino que también generen una especie de adicción al uso del producto. El diseño ergonómico y la **gamificación** de muchas aplicaciones también fomentan un uso más prolongado, reforzando la idea de que cuanto más interactuamos, más difícil es desconectar.

El **consumismo sensorial** al que nos enfrentamos hoy está profundamente ligado a este diseño intencional de la atención. No solo estamos consumiendo productos o servicios, sino que nuestra atención se ha convertido en un **recurso de consumo** en sí mismo. Las empresas compiten ferozmente por obtener más tiempo de nuestros ojos y oídos, porque cada segundo que pasamos prestando atención se traduce en **ingresos** a través de anuncios, compras impulsivas o suscripciones. En este sentido, somos tanto **consumidores** de contenido como **productos** en sí mismos, ya que nuestra atención es el bien que se vende a los anunciantes y a las empresas.

Reconocer cómo se diseña nuestra experiencia digital para **captar y retener nuestra atención** es el primer paso para tomar control sobre cómo interactuamos con el contenido y los productos. Si bien las técnicas que utilizan las plataformas y los productos pueden ser altamente efectivas, también podemos **tomar medidas conscientes** para gestionar nuestra atención de manera más deliberada. Desactivar notificaciones, limitar el tiempo en redes sociales o establecer horarios para consumir contenido de manera más controlada son algunas formas de reducir el impacto de estas estrategias en nuestra vida diaria.

Consumismo y sobreestimulación

En la era moderna, el **capitalismo** ha evolucionado hasta convertirse en un motor que impulsa no solo la economía, sino también nuestra forma de consumir y percibir el mundo. Uno de los resultados más evidentes de este sistema es la **sobreestimulación** a la que estamos constantemente expuestos. El capitalismo contemporáneo, impulsado por la publicidad y el marketing, genera un flujo interminable de **opciones**, cada una compitiendo por nuestra atención. Este **exceso de elección**, lejos de empoderarnos como consumidores, contribuye de manera significativa a la **sobrecarga sensorial**, creando una sensación de agobio y confusión en nuestras decisiones diarias.

Uno de los principios centrales del capitalismo es la idea de que **más opciones** son siempre mejores para los consumidores. Este concepto ha sido promovido por el marketing como una forma de ofrecer "libertad de elección". Sin embargo, en la práctica, la **proliferación de opciones** tiene un efecto contradictorio: en lugar de hacernos sentir más libres, nos sentimos **paralizados** ante la cantidad de decisiones que tenemos que tomar. Este fenómeno, conocido como la **paradoja de la elección**, ocurre cuando enfrentamos un número abrumador de opciones, lo que genera ansiedad y estrés en lugar de satisfacción.

El **exceso de productos** y alternativas en los mercados actuales crea un entorno de **sobreestimulación sensorial**. Desde supermercados con cientos de variantes de un solo producto, hasta plataformas de streaming con miles de series y películas para elegir, la cantidad de estímulos que recibimos es constante y abrumadora. En lugar de simplificar nuestras decisiones, el sistema capitalista moderno nos somete a una avalancha de opciones que compiten por nuestra atención, generando una **sobrecarga cognitiva**. Cada vez que nos enfrentamos a un sinfín de posibilidades, ya sea al comprar un producto o al elegir una serie para ver, estamos sobrecargando nuestro cerebro con estímulos que deben ser procesados y evaluados.

La **publicidad** y el **marketing** desempeñan un papel fundamental en esta dinámica, ya que son los principales instrumentos que las empresas utilizan para capturar nuestra atención y dirigirla hacia sus productos. A través de estrategias de marketing sofisticadas, las marcas intentan sobresalir en un mar de opciones, utilizando imágenes llamativas, colores brillantes, sonidos atractivos y mensajes persuasivos diseñados para activar nuestros impulsos más primarios. Este **bombardeo sensorial** constante no solo nos cansa mentalmente, sino que también genera una sensación de **urgencia** para tomar decisiones, alimentada por la idea de que debemos actuar rápidamente antes de que las oportunidades desaparezcan.

El **marketing emocional** es una herramienta clave en esta sobreestimulación. A través de campañas que apelan a nuestras emociones más profundas, como el miedo a perdernos algo (FOMO), el deseo de pertenecer o la búsqueda de satisfacción instantánea, las marcas crean una narrativa que nos impulsa a consumir más de lo que realmente necesitamos. Esta presión emocional, combinada con la saturación de estímulos, hace que nos sintamos constantemente insatisfechos, como si nunca tuviéramos suficiente. La **insatisfacción** generada por la publicidad es un motor poderoso que impulsa el **consumismo**, creando un ciclo perpetuo en el que buscamos constantemente nuevos productos o experiencias para llenar el vacío emocional que la publicidad nos ha inculcado.

La **tecnología digital** ha exacerbado este fenómeno de sobreestimulación. En la actualidad, no solo estamos expuestos a la publicidad en los medios tradicionales, como la televisión o las revistas, sino que también nos bombardean constantemente con anuncios en nuestras redes sociales, correos electrónicos y sitios web. Los **algoritmos de marketing digital** están diseñados para aprovechar nuestros hábitos de consumo, mostrando anuncios personalizados que nos tientan en cada momento del día. Esta **personalización de la publicidad**, que adapta los anuncios a nuestras preferencias y comportamientos previos, nos sumerge en un flujo interminable de estímulos que hace que sea casi imposible escapar de la tentación del consumo.

El resultado de esta dinámica es una **fatiga sensorial** y un estado de **hiperestimulación** que afecta nuestra capacidad de tomar decisiones racionales. Cuando estamos sobreexpuestos a una avalancha de productos y mensajes publicitarios, nuestra capacidad de filtrar lo que realmente necesitamos se ve comprometida. Nos encontramos tomando decisiones impulsivas, comprando productos que no necesitamos o consumiendo experiencias que no nos aportan un valor real. Esta fatiga sensorial también afecta nuestra **salud mental**, contribuyendo a un estado de ansiedad constante y, en muchos casos, a la aparición de trastornos relacionados con el consumo compulsivo.

Un estudio realizado por la **Universidad de Columbia** sobre la paradoja de la elección demostró que, cuando las personas se enfrentan a un número excesivo de opciones, tienden a sentirse menos satisfechas con sus decisiones, incluso cuando las opciones que eligen son objetivamente buenas. Esto se debe a que la abundancia de opciones crea una **carga cognitiva** que dificulta la toma de decisiones informadas y satisfactorias. En lugar de sentirnos liberados por la variedad, nos sentimos abrumados por la posibilidad de tomar la decisión equivocada, lo que genera un ciclo de **insatisfacción crónica**.

La **sobreestimulación sensorial** que impulsa el capitalismo también tiene un impacto directo en nuestra relación con los productos y servicios que consumimos. A medida que estamos constantemente bombardeados por nuevas ofertas y estímulos, nuestra capacidad para disfrutar de lo que ya tenemos disminuye. El capitalismo nos enseña a valorar lo **nuevo** y a buscar siempre la próxima novedad, lo que nos lleva a subestimar lo que ya hemos adquirido o experimentado. Esto genera una cultura de **obsolescencia emocional**, en la que los productos y experiencias pierden rápidamente su valor emocional, lo que nos empuja a buscar nuevas gratificaciones constantemente.

Además, el **marketing** ha creado una cultura en la que las marcas no solo venden productos, sino también **estilos de vida**. Las empresas nos presentan imágenes idealizadas de cómo deberíamos vivir, vestirnos o comportarnos, generando una presión constante por **pertenecer** y **ajustarnos** a esos estándares. Esto no solo contribuye a la sobrecarga sensorial, sino que también refuerza la sensación de que siempre estamos **perdiéndonos algo**, lo que nos impulsa a consumir más y más. Esta dinámica alimenta una **ansiedad social** en la que nuestras decisiones de consumo están profundamente influenciadas por lo que vemos en los medios y las redes sociales, lo que nos lleva a consumir no solo productos, sino también la **idea de una vida idealizada**.

El capitalismo y el marketing, en su búsqueda por maximizar los beneficios, han creado un sistema en el que la **atención** y la **satisfacción** de los consumidores son constantemente explotadas. Nos encontramos atrapados en un ciclo de **sobreestimulación**, donde cada día nos enfrentamos a una cantidad abrumadora de opciones y estímulos que compiten por nuestra atención y nuestro dinero. Este estado constante de estimulación no solo afecta nuestra capacidad para tomar decisiones conscientes, sino que también contribuye al **agotamiento emocional**, ya que nos sentimos continuamente presionados para consumir y estar al día con las últimas tendencias.

Para contrarrestar este fenómeno, es esencial **tomar medidas conscientes** para reducir la sobreestimulación en nuestras vidas. Esto implica aprender a **priorizar** nuestras decisiones de consumo, filtrando lo que realmente necesitamos de lo que simplemente nos tienta. También es importante desarrollar una mayor **conciencia crítica** sobre cómo la publicidad y el marketing intentan manipularnos para consumir más. Al comprender las tácticas que se utilizan para captar nuestra atención y empujarnos a la sobrecarga sensorial, podemos empezar a resistir el impulso de estar siempre comprando o buscando la próxima gran cosa.

Consumir menos, vivir mejor

En un mundo que fomenta el consumo constante y la acumulación de experiencias, productos y estímulos, la idea de **consumir menos** puede parecer contraria a la lógica del progreso. Sin embargo, esta propuesta, que implica reducir el **consumo sensorial** y priorizar la **calidad sobre la cantidad**, es más relevante que nunca. La saturación de estímulos a la que estamos expuestos diariamente nos está afectando a niveles profundos, y muchas veces ni siquiera somos conscientes de ello. Al optar por consumir menos, no solo ganamos en claridad mental y emocional, sino que también redescubrimos el valor de lo **esencial**, y nos enfocamos en lo que realmente aporta significado a nuestras vidas.

El **consumismo sensorial** se ha convertido en una característica dominante de nuestra sociedad moderna. Estamos constantemente bombardeados por una mezcla de anuncios, notificaciones, información y productos que compiten por nuestra atención. Este flujo incesante de estímulos nos somete a un estado de **hiperestimulación**, lo que a menudo conduce a la **fatiga mental** y al **estrés**. En lugar de obtener satisfacción de este consumo desenfrenado, nos encontramos más dispersos y descontentos. Reducir la exposición a esta avalancha sensorial nos permite **recuperar el control** sobre nuestra atención y reenfocar nuestras energías en lo que realmente importa.

El primer paso hacia la propuesta de **consumir menos y vivir mejor** es aprender a **ser más selectivos** con los estímulos que permitimos en nuestras vidas. Esto implica filtrar y reducir conscientemente la cantidad de **información, productos y experiencias** que decidimos consumir. Al simplificar nuestro entorno y limitar los estímulos a los que estamos expuestos, eliminamos el ruido que fragmenta nuestra atención y comenzamos a crear **espacio mental** para lo que realmente aporta valor. Este enfoque nos permite escapar de la sobrecarga y el agotamiento mental generado por el consumo excesivo.

Uno de los beneficios más inmediatos de reducir el consumo sensorial es la mejora en nuestra **capacidad de concentración**. Al tener menos estímulos compitiendo por nuestra atención, podemos concentrarnos de manera más profunda y sostenida en las tareas o actividades que realmente importan. Esto no solo mejora nuestra **productividad** en el ámbito profesional, sino que también nos permite disfrutar más de las actividades que realizamos en nuestra vida personal, como leer, meditar o pasar tiempo con los seres queridos. La reducción de estímulos genera una **calma mental** que favorece la reflexión y el pensamiento crítico, habilidades que a menudo se ven erosionadas en un entorno de sobrecarga sensorial.

Además, la propuesta de **priorizar la calidad sobre la cantidad** nos ayuda a redefinir nuestra relación con los objetos, las experiencias y el tiempo. En lugar de buscar siempre lo último, lo más nuevo o lo más abundante, podemos centrarnos en aquello que es **duradero, significativo y valioso**. Esta mentalidad nos lleva a invertir en productos de mayor calidad, que no solo duran más, sino que también generan una mayor **satisfacción** a largo plazo. En lugar de comprar compulsivamente, podemos adoptar una actitud más consciente y reflexiva hacia nuestras decisiones de consumo, lo que nos protege del ciclo interminable de insatisfacción que a menudo acompaña al consumismo.

El **minimalismo digital** es una de las formas más poderosas de aplicar este enfoque en nuestra vida cotidiana. En un mundo donde el uso de dispositivos digitales domina nuestra atención, reducir el tiempo que pasamos frente a las pantallas y limitar el número de aplicaciones, notificaciones y redes sociales que utilizamos puede tener un impacto enorme en nuestra salud mental. Al deshacernos del ruido digital innecesario, podemos **recuperar el control** sobre nuestro tiempo y energía. Esto no significa rechazar la tecnología por completo, sino utilizarla de manera más **intencional**, seleccionando solo aquellas herramientas y plataformas que realmente nos aporten valor.

Además de mejorar nuestra calidad de vida personal, reducir el consumo sensorial también tiene un impacto positivo en nuestras **relaciones**. Cuando eliminamos las distracciones que fragmentan nuestra atención, podemos **enfocarnos plenamente** en las personas que nos rodean. Esto fortalece nuestras conexiones emocionales, ya que nos permite estar más presentes en nuestras interacciones, tanto en el ámbito personal como en el profesional. Al priorizar la calidad sobre la cantidad en nuestras relaciones, podemos invertir más tiempo y energía en aquellas que realmente nos aportan satisfacción y apoyo emocional, lo que genera relaciones más profundas y significativas.

El enfoque de **menos es más** también aplica a la forma en que gestionamos nuestro **tiempo y nuestras experiencias**. En lugar de llenar nuestras vidas con actividades frenéticas o experiencias efímeras, podemos optar por menos compromisos, pero con mayor **intencionalidad**. Esto nos permite disfrutar más de cada experiencia, estar más presentes en el momento y construir recuerdos más significativos. En lugar de tratar de hacer todo o estar en todas partes, la clave está en seleccionar solo aquellas experiencias que realmente resuenen con nuestros valores y necesidades personales.

Desde una perspectiva más amplia, el enfoque de **consumir menos** también es crucial para abordar los desafíos relacionados con la **sostenibilidad** y el impacto ambiental del consumismo excesivo. El consumo desenfrenado de productos, muchos de ellos de corta duración o producidos de manera no ética, no solo agota los recursos naturales, sino que también genera cantidades masivas de residuos. Al optar por productos de mayor calidad, más duraderos y fabricados de manera sostenible, no solo estamos mejorando nuestra calidad de vida, sino también contribuyendo a un planeta más saludable. Este cambio en nuestros hábitos de consumo, aunque pequeño, tiene un impacto acumulativo importante en el medio ambiente.

Un aspecto esencial de **consumir menos** es desarrollar una mayor capacidad de **gratitud** y **aprecio** por lo que ya tenemos. En lugar de enfocarnos en lo que nos falta o en lo que podríamos tener, podemos aprender a valorar lo que ya poseemos. Este cambio de mentalidad reduce la necesidad constante de adquirir más y nos permite **disfrutar plenamente** de lo que ya está presente en nuestras vidas. Al centrarnos en lo que tenemos, en lugar de lo que nos falta, cultivamos una mayor **sensación de plenitud** y satisfacción.

Finalmente, reducir el consumo sensorial nos invita a **reconectar** con lo que verdaderamente importa. En lugar de buscar la gratificación instantánea que a menudo ofrece el consumo, podemos redirigir nuestra atención hacia nuestras pasiones, relaciones y bienestar emocional. Esto implica hacer un esfuerzo consciente para vivir de manera más **intencional** y reducir el ruido externo que nos distrae de nuestras metas y valores. Al simplificar nuestras vidas y reducir el consumo sensorial, creamos espacio para una mayor **claridad mental** y un sentido más profundo de propósito y satisfacción.

9

ADICCIÓN A LA ESTIMULACIÓN: DOPAMINA EN ACCIÓN

En este capítulo, profundizamos en la **dopamina**, el neurotransmisor del placer, y cómo los estímulos constantes activan el sistema de recompensa de nuestro cerebro, creando una adicción a la gratificación inmediata. La tecnología moderna, con su capacidad de ofrecernos entretenimiento y distracción al instante, ha cambiado la manera en que experimentamos el placer y la satisfacción. Reflexionaremos sobre los efectos de esta búsqueda constante de estímulos y sobre cómo podemos romper el ciclo de la adicción a la estimulación, reconectando con la gratificación a largo plazo y experiencias más significativas.

La química de la sobrecarga: dopamina

El cerebro humano está diseñado para responder a estímulos externos a través de un sistema de **recompensa**, donde ciertos estímulos desencadenan la liberación de **dopamina**, un neurotransmisor clave asociado con el placer, la motivación y el refuerzo de comportamientos. En su estado natural, este sistema de recompensa nos ayuda a **sobrevivir** al reforzar conductas esenciales como comer, socializar y reproducirse. Sin embargo, en el mundo moderno, donde estamos constantemente bombardeados por estímulos —desde notificaciones en redes sociales hasta la publicidad dirigida— este mecanismo se ha **sobrecargado**, generando una adicción a la **estimulación constante** que afecta nuestra salud mental y emocional.

La **dopamina** es conocida como el "químico del placer", pero su función principal no es simplemente hacernos sentir bien, sino motivarnos a repetir comportamientos que nuestro cerebro asocia con una recompensa. En situaciones normales, la dopamina se libera cuando realizamos actividades que son beneficiosas para nuestra supervivencia y bienestar, como disfrutar de una comida sabrosa o recibir el afecto de una persona querida. Sin embargo, en la sociedad actual, donde estamos expuestos a **estímulos artificiales y diseñados para captar nuestra atención**, el sistema dopaminérgico está siendo **manipulado** para maximizar la respuesta del cerebro a estímulos que no necesariamente nos benefician a largo plazo.

Las **plataformas digitales**, como las redes sociales, los videojuegos y las aplicaciones de entretenimiento, están diseñadas específicamente para activar este sistema de recompensa de manera repetitiva. Cada vez que recibimos una **notificación**, ya sea un "me gusta", un comentario o un mensaje, nuestro cerebro libera una pequeña cantidad de dopamina, lo que genera una sensación de placer y satisfacción momentánea. Este proceso se convierte en un **ciclo de retroalimentación** que nos motiva a seguir buscando más estímulos, revisando el teléfono constantemente en busca de esa próxima dosis de dopamina.

Este fenómeno de búsqueda constante de gratificación es lo que lleva a la **adicción a la estimulación**. El sistema de recompensa del cerebro se vuelve cada vez más sensible a los estímulos rápidos y constantes, y, como resultado, desarrollamos una **tolerancia**. Lo que inicialmente nos generaba satisfacción, como recibir una notificación en redes sociales, deja de ser suficiente. Entonces, el cerebro busca **más estimulación**, aumentando la necesidad de consumir más contenido, estar más tiempo conectado o buscar nuevas fuentes de gratificación rápida. Es un ciclo sin fin que nos deja sintiéndonos cada vez más insatisfechos y dependientes de estos estímulos externos.

El problema con esta sobrecarga de dopamina es que no solo afecta nuestro **estado emocional**, sino también nuestra capacidad para concentrarnos, tomar decisiones y sentir **satisfacción duradera**. La estimulación constante genera un estado de **hiperalerta** en el cerebro, donde siempre estamos buscando la próxima recompensa, lo que deteriora nuestra capacidad de disfrutar de actividades que requieren más tiempo y enfoque, como leer un libro, tener una conversación profunda o trabajar en un proyecto creativo. Estas actividades, que tradicionalmente generan una recompensa a largo plazo, pierden atractivo cuando nuestro cerebro está condicionado a buscar la gratificación instantánea que ofrecen los estímulos digitales.

Un aspecto clave de este proceso es cómo el cerebro **asocia la dopamina no solo con la recompensa inmediata**, sino también con la **anticipación** de esa recompensa. Estudios en neurociencia han demostrado que la dopamina no solo se libera cuando recibimos una recompensa, sino también cuando **anticipamos** esa recompensa. Este es uno de los factores que alimenta el comportamiento adictivo en las plataformas digitales: el simple hecho de esperar una notificación o imaginar la posibilidad de una nueva interacción social en línea ya es suficiente para que el cerebro libere dopamina. Esta liberación por anticipación nos mantiene **enganchados**, revisando constantemente nuestras pantallas y dispositivos en busca de la próxima interacción.

El uso de **técnicas de diseño** como el **scroll infinito** en redes sociales o la **reproducción automática** en plataformas de video intensifica esta sobrecarga dopaminérgica. Estas estrategias están diseñadas para eliminar las barreras naturales que nos harían detenernos y reconsiderar si queremos seguir consumiendo más contenido. Al eliminar la necesidad de tomar decisiones conscientes sobre cuándo parar, estas plataformas logran mantenernos atrapados en un ciclo de **consumo continuo**, lo que activa repetidamente el sistema de recompensa del cerebro. Esta sobrecarga de dopamina tiene un costo: a medida que el cerebro se acostumbra a recibir estimulación constante, perdemos la capacidad de **tolerar el aburrimiento** o la calma, lo que nos lleva a buscar estímulos de manera compulsiva.

Este comportamiento tiene un paralelismo claro con las **adicciones químicas**, como el uso de drogas. Aunque la dopamina también está involucrada en adicciones a sustancias como la cocaína o la nicotina, la **adicción a la estimulación digital** es más sutil, pero igualmente perjudicial a largo plazo. Al igual que con las drogas, nuestro cerebro se acostumbra a niveles altos de dopamina, lo que significa que necesitamos estímulos cada vez más intensos o frecuentes para obtener el mismo nivel de satisfacción. Esto no solo genera adicción, sino que también nos deja en un estado constante de **insatisfacción** y dependencia de la tecnología.

La **sobrecarga de dopamina** también afecta nuestra capacidad para tomar decisiones de manera racional. Cuando estamos continuamente en busca de estímulos que nos generen placer inmediato, perdemos la habilidad de **posponer la gratificación** o tomar decisiones que requieran un enfoque a largo plazo. Esto no solo afecta nuestras relaciones y productividad, sino que también puede generar un estado de **estrés crónico**, ya que nos sentimos atrapados en un ciclo de respuesta inmediata a los estímulos sin la capacidad de desconectar o relajarnos.

A largo plazo, este exceso de estimulación puede tener un impacto negativo en nuestra **salud mental**. La incapacidad para desconectar del ciclo de recompensas instantáneas puede contribuir al desarrollo de **trastornos de ansiedad, estrés crónico** e incluso **depresión**. Al no poder obtener una satisfacción profunda y duradera de nuestras actividades cotidianas, nos encontramos atrapados en un ciclo de búsqueda constante de algo que nunca nos satisface completamente. Este estado de alerta constante, combinado con la fatiga mental que provoca la sobrecarga de estímulos, puede llevar al agotamiento emocional.

Para contrarrestar esta adicción a la estimulación constante, es esencial **reconocer** cómo el sistema dopaminérgico está siendo explotado por las plataformas y productos diseñados para capturar nuestra atención. Al ser conscientes de este proceso, podemos empezar a **reducir nuestra dependencia** de la gratificación instantánea y encontrar formas más saludables de obtener satisfacción. Esto implica tomar decisiones activas para desconectar de la tecnología de manera regular, reducir la exposición a estímulos innecesarios y priorizar actividades que nos ofrezcan una **satisfacción más profunda y duradera**.

Gratificación inmediata

En el corazón de la **adicción a la estimulación** y la sobrecarga sensorial está el concepto de **gratificación inmediata**. Vivimos en una sociedad donde las barreras que antes existían entre el deseo y la satisfacción se han reducido a casi nada. Desde un simple toque en el teléfono podemos recibir una respuesta instantánea a nuestras preguntas, una avalancha de entretenimiento o la compra de un producto que llegará en pocas horas. Esta **inmediatez** ha transformado radicalmente la forma en que experimentamos el **placer** y la **satisfacción**, reconfigurando nuestras expectativas y nuestra capacidad para lidiar con la **demora**.

La gratificación inmediata, entendida como la satisfacción instantánea de un deseo o necesidad, es uno de los principales motores que impulsan el comportamiento en la era digital. En el pasado, obtener lo que queríamos solía implicar **esfuerzo**, **paciencia** y, en muchos casos, la **capacidad de posponer la recompensa**. Este proceso, aunque más lento, generaba una forma más duradera de satisfacción, ya que el esfuerzo y la espera añadían valor al resultado final. Sin embargo, la tecnología y la cultura de consumo actual han creado un entorno donde la espera es vista como una molestia y el **placer instantáneo** se ha convertido en el estándar.

En este contexto, la **dopamina**, el neurotransmisor clave del sistema de recompensa, juega un papel crucial. En lugar de recompensarnos por logros o experiencias a largo plazo, nuestro cerebro está ahora condicionado para buscar gratificación constante e inmediata. Cada vez que recibimos una notificación, hacemos una compra en línea o consumimos contenido en redes sociales, nuestro cerebro libera pequeñas cantidades de dopamina, generando una sensación temporal de placer. Pero este placer es **efímero**, y pronto se desvanece, lo que nos deja buscando la próxima dosis de estimulación para mantener el ciclo de satisfacción rápida en marcha.

Este proceso ha cambiado fundamentalmente la manera en que experimentamos la **satisfacción**. Las recompensas a largo plazo, como completar un proyecto importante, alcanzar una meta personal o disfrutar de una actividad significativa, requieren tiempo, paciencia y dedicación. Sin embargo, cuando estamos acostumbrados a obtener placer de manera inmediata, las actividades que no ofrecen una recompensa instantánea pierden su atractivo. Nos resulta más difícil concentrarnos en tareas que no proporcionan una gratificación inmediata, lo que afecta nuestra **productividad**, nuestra capacidad para **disfrutar de la vida cotidiana** y nuestra **salud mental**.

La cultura de la gratificación inmediata también ha cambiado nuestra relación con el **placer**. En lugar de experimentar placer de manera **profunda** y significativa, ahora estamos acostumbrados a obtener pequeñas dosis de placer superficial de manera constante. Este cambio afecta nuestras expectativas: nos volvemos menos tolerantes a la **frustración** y menos capaces de lidiar con la demora o la incomodidad. La gratificación inmediata condiciona nuestro cerebro a esperar siempre una recompensa rápida, lo que puede llevar a una **intolerancia al aburrimiento** y una incapacidad para disfrutar de momentos de tranquilidad o actividades que requieren un esfuerzo más prolongado.

El **comercio digital** y las plataformas de entretenimiento han perfeccionado la forma de explotar este deseo de gratificación inmediata. Por ejemplo, la experiencia de compra en línea está diseñada para minimizar la fricción entre el deseo de un producto y su adquisición. La función de **compra en un solo clic** es un ejemplo perfecto de cómo el sistema está diseñado para ofrecer satisfacción instantánea. Desde el momento en que deseamos un producto hasta el momento en que lo compramos, la espera se reduce a casi nada, reforzando la idea de que no hay necesidad de esperar para obtener lo que queremos. Este ciclo de satisfacción rápida no solo impulsa el **consumismo**, sino que también fortalece nuestra **dependencia** de las recompensas inmediatas.

Las **redes sociales** son otro claro ejemplo de cómo la gratificación inmediata está integrada en nuestra vida diaria. Cada vez que publicamos una foto o un comentario, esperamos respuestas instantáneas en forma de "me gusta", comentarios o mensajes. Esta retroalimentación inmediata activa el sistema de recompensa del cerebro, generando una pequeña descarga de dopamina que nos anima a repetir el comportamiento. Cuantas más interacciones recibimos, más reforzamos el ciclo de búsqueda de placer instantáneo. Este fenómeno es tan fuerte que muchos de nosotros revisamos compulsivamente nuestros teléfonos en busca de esa próxima dosis de validación social.

El problema con la **gratificación inmediata** es que, aunque proporciona una satisfacción temporal, no genera un **placer duradero**. La dopamina liberada por las recompensas rápidas desaparece tan rápido como llegó, dejándonos en un estado constante de **búsqueda de más**. Esta constante necesidad de estimulación no solo genera **insatisfacción crónica**, sino que también nos deja sintiéndonos **agotados**, ya que el placer superficial nunca llena completamente nuestras necesidades más profundas de conexión, logro o realización personal.

La **gratificación instantánea** también afecta nuestra **resiliencia emocional**. En un mundo donde estamos acostumbrados a recibir lo que queremos al instante, nos volvemos menos capaces de enfrentar la adversidad o superar obstáculos que requieren paciencia y esfuerzo. Este fenómeno se manifiesta en múltiples aspectos de la vida, desde nuestra relación con el trabajo hasta nuestras relaciones personales. La gratificación inmediata nos enseña a evitar el **disconfort** y buscar siempre la vía rápida hacia el placer, lo que nos priva de la satisfacción profunda que surge cuando logramos algo a través de la perseverancia y la dedicación.

En las relaciones personales, este enfoque en la gratificación inmediata puede ser particularmente perjudicial. Las relaciones humanas requieren **tiempo**, **atención** y **esfuerzo** para desarrollarse de manera significativa, pero en una cultura que celebra la inmediatez, es fácil caer en la trampa de buscar **soluciones rápidas** o evitar conflictos en lugar de trabajar en construir conexiones profundas. Esto no solo debilita nuestras relaciones, sino que también puede generar una sensación de desconexión emocional, ya que las recompensas instantáneas que obtenemos de interacciones rápidas en línea no reemplazan la satisfacción duradera que proviene de relaciones más comprometidas.

A nivel más amplio, la **cultura del todo al instante** ha afectado nuestra capacidad para **valorar el proceso**. Muchas de las experiencias más satisfactorias en la vida —como aprender una nueva habilidad, completar un proyecto ambicioso o alcanzar una meta personal— requieren tiempo y esfuerzo. Sin embargo, cuando estamos condicionados a buscar recompensas inmediatas, el proceso necesario para lograr estas recompensas más profundas se siente **frustrante** o demasiado lento. Perdemos la habilidad de disfrutar del viaje, ya que estamos demasiado enfocados en la recompensa final, que parece estar siempre fuera de nuestro alcance.

Para contrarrestar los efectos de la gratificación inmediata, es esencial **reentrenar** nuestra mente para valorar las **recompensas a largo plazo** y aprender a **posponer la gratificación**. Esto implica practicar la paciencia y la perseverancia, y redescubrir el placer que surge del **esfuerzo sostenido** y la espera. Al enfocarnos en experiencias que requieren más tiempo y dedicación, como el aprendizaje, la meditación o las relaciones profundas, podemos reconstruir nuestra capacidad para sentir **satisfacción duradera**.

Rompiendo el ciclo de la adicción

En un mundo saturado de estímulos instantáneos que activan nuestro sistema de recompensa constantemente, romper el **ciclo de la adicción** a la gratificación inmediata puede parecer un desafío monumental. Estamos acostumbrados a obtener lo que queremos con solo unos pocos clics: la validación social en forma de "me gusta", entretenimiento ininterrumpido y compras instantáneas. Este acceso constante a la **dopamina** ha condicionado nuestro cerebro a buscar recompensas rápidas, debilitando nuestra capacidad para disfrutar de placeres a largo plazo. Sin embargo, aunque el ciclo es fuerte, no es imposible de romper. Con estrategias conscientes y prácticas, podemos **reconectar** con la gratificación que surge del esfuerzo, la paciencia y el tiempo.

El primer paso esencial para romper el ciclo de la adicción es desarrollar una **conciencia plena** de cómo y cuándo buscamos la gratificación instantánea. A menudo, estos comportamientos ocurren de manera automática: revisamos nuestros teléfonos en busca de notificaciones, compramos por impulso o cambiamos de actividad rápidamente cuando sentimos aburrimiento. Al prestar atención a estos momentos, podemos empezar a **identificar los patrones** que nos llevan a buscar estimulación rápida y superficial. El simple acto de tomar conciencia de nuestras acciones es el primer paso hacia la recuperación del control sobre nuestra atención y nuestro comportamiento.

Una estrategia clave es la práctica de la **paciencia consciente**. La paciencia, una habilidad que se ha erosionado en la era de la gratificación instantánea, es esencial para recuperar la **capacidad de esperar** y disfrutar de recompensas más significativas. Esto puede lograrse mediante pequeñas acciones diarias que nos enseñen a tolerar el **disconfort** de la espera. Por ejemplo, en lugar de buscar inmediatamente una respuesta en Internet cuando no sabemos algo, podemos dejar que nuestra curiosidad crezca y reflexionar antes de obtener una solución rápida. O bien, en lugar de comprar algo de manera impulsiva, podemos esperar unos días para evaluar si realmente necesitamos o queremos ese producto.

Otra técnica poderosa es establecer **límites de tiempo** para el uso de tecnologías que fomentan la gratificación inmediata. Las aplicaciones de redes sociales y los dispositivos móviles son los principales catalizadores del ciclo de recompensa rápida, ya que están diseñados para capturar nuestra atención con estímulos constantes. Reducir el tiempo de uso de estas aplicaciones mediante **bloqueos temporales** o horarios limitados puede ayudar a reducir la dependencia. Por ejemplo, podemos establecer momentos específicos del día para revisar nuestras redes sociales o desactivar notificaciones no esenciales, de modo que no estemos constantemente interrumpidos por estímulos externos que alimentan nuestra adicción.

La **desconexión digital** es otra estrategia esencial para romper el ciclo. En lugar de estar permanentemente conectados y expuestos a una avalancha de información y estímulos, es fundamental crear **espacios de desconexión** en nuestra rutina diaria. Esto puede implicar tomarse descansos regulares del uso de pantallas, establecer "zonas libres de tecnología" en casa, o incluso designar un día de la semana para reducir al mínimo el uso de dispositivos electrónicos. Estos momentos de desconexión no solo permiten que el cerebro descanse de la sobrecarga sensorial, sino que también nos ayudan a recuperar la capacidad de disfrutar del **momento presente** sin distracciones.

El enfoque en **actividades que requieren esfuerzo sostenido** es otra manera poderosa de reconectar con la gratificación a largo plazo. Las actividades que requieren tiempo, concentración y dedicación —como la lectura profunda, aprender un nuevo hobby, hacer ejercicio físico o trabajar en un proyecto creativo— son esenciales para reconstruir nuestra tolerancia a la demora de las recompensas. Estas actividades no ofrecen una gratificación instantánea, pero proporcionan una satisfacción más **profunda y duradera**. Al invertir tiempo y esfuerzo en ellas, entrenamos a nuestro cerebro para valorar las recompensas que llegan a través del trabajo y la paciencia.

Una estrategia adicional para romper con la adicción a la gratificación instantánea es practicar la **meditación y la atención plena**. La meditación nos enseña a **observar nuestros impulsos** sin actuar de inmediato sobre ellos, lo que nos ayuda a desarrollar un mayor control sobre nuestros deseos y nuestra atención. La atención plena, o mindfulness, nos invita a estar presentes en el momento, a saborear las experiencias tal como son, sin la necesidad de buscar constantemente nuevas fuentes de estimulación. Esta práctica nos permite desacelerar y disfrutar de la **calma**, algo que a menudo se pierde en el ritmo frenético de la vida moderna.

El **entrenamiento de la gratificación diferida** es otra técnica útil. Se trata de retrasar intencionalmente el acceso a una recompensa para fortalecer la capacidad de resistir los impulsos inmediatos. Un ejemplo clásico es el famoso experimento del **malvavisco**, donde se les pedía a los niños que resistieran comer un malvavisco durante unos minutos a cambio de recibir dos más tarde. En la vida cotidiana, podemos aplicar esta técnica en nuestras decisiones de consumo: en lugar de hacer compras impulsivas, podemos proponernos esperar una semana antes de decidir si realmente necesitamos ese producto. Esta pequeña demora no solo reduce el consumo impulsivo, sino que también nos ayuda a valorar más profundamente las recompensas cuando finalmente las obtenemos.

Otra estrategia importante es **reformular nuestras expectativas** en torno al placer. La cultura de la gratificación instantánea nos ha condicionado a esperar recompensas rápidas y constantes, lo que hace que las experiencias más profundas, que requieren tiempo y paciencia, pierdan atractivo. Sin embargo, al **reentrenar** nuestras expectativas, podemos redescubrir el placer que surge de actividades que tardan más en ofrecer una recompensa. Por ejemplo, en lugar de ver la lectura de un libro largo como un desafío tedioso, podemos enfocarnos en el placer del aprendizaje gradual y la inmersión en una narrativa rica. O bien, en lugar de buscar una solución rápida a un problema, podemos disfrutar del proceso de resolverlo con creatividad y esfuerzo.

Cultivar gratitud es otra herramienta poderosa para romper el ciclo de la adicción a los estímulos instantáneos. La gratitud nos enseña a **valorar lo que ya tenemos** en lugar de estar constantemente buscando algo nuevo que nos satisfaga. Al enfocarnos en las cosas por las que estamos agradecidos, como nuestras relaciones, nuestras experiencias pasadas y nuestras propias habilidades, podemos reducir la necesidad de buscar validación externa o recompensas inmediatas. La práctica de la gratitud nos ancla en el presente y nos recuerda que no necesitamos más estímulos para sentirnos satisfechos.

Por último, es esencial desarrollar una **tolerancia al aburrimiento**. En una cultura que nos impulsa a estar constantemente entretenidos y ocupados, aprender a estar cómodos con el aburrimiento es una habilidad crucial. El aburrimiento puede ser visto como una oportunidad para la **reflexión interna**, la creatividad o el simple descanso. Al permitirnos experimentar el aburrimiento sin buscar una solución rápida en la tecnología o los estímulos externos, entrenamos a nuestro cerebro para ser más resiliente y menos dependiente de la gratificación instantánea.

10

EL SILENCIO COMO UN BIEN ESCASO

En un mundo donde el ruido y la distracción son omnipresentes, el silencio se ha convertido en un recurso valioso y escaso. En este capítulo, analizamos cómo el ruido constante —tanto digital como físico— ha desplazado el valor del silencio en nuestras vidas. Exploramos los beneficios del silencio para el cerebro y el bienestar emocional, y discutimos cómo podemos crear momentos de calma y reconectar con el silencio para restaurar el equilibrio mental y emocional en nuestra vida cotidiana.

Silencio y el peligro de extinción

Vivimos en una época de **ruido constante**. En nuestras ciudades, el bullicio del tráfico, las conversaciones y las máquinas crean un paisaje sonoro ininterrumpido. En el mundo digital, estamos expuestos a un flujo interminable de notificaciones, mensajes y alertas que nos rodean a todas horas. Esta sobrecarga sensorial ha desplazado una de las experiencias más esenciales y, paradójicamente, más escasas en la sociedad moderna: el **silencio**. El silencio, que en otros tiempos era una parte integral de nuestras vidas, ha pasado a estar en peligro de **extinción**. A medida que el ruido —tanto físico como digital— ha crecido, el **valor del silencio** ha disminuido, dejando un vacío que afecta nuestra salud mental, emocional y espiritual.

El **silencio**, en su sentido más puro, ha sido históricamente una fuente de **reflexión**, **descanso** y **conexión** con nuestro entorno y con nosotros mismos. En ausencia de estímulos externos, el cerebro tiene la oportunidad de **recalibrarse**, de procesar experiencias, de conectar ideas y de simplemente **estar**. Sin embargo, en la sociedad actual, esta oportunidad está cada vez más fuera de nuestro alcance. La proliferación del ruido —desde los sonidos urbanos hasta el incesante zumbido de las redes sociales y los dispositivos— ha creado un entorno donde el silencio se ha vuelto casi inalcanzable, y con ello, hemos perdido gran parte de los beneficios que ofrece.

Uno de los principales culpables de esta desaparición del silencio es la **urbanización**. Las grandes ciudades, que son el hogar de la mayoría de la población mundial, son escenarios ruidosos por naturaleza. El tráfico de vehículos, las construcciones, los comercios y el ruido de las multitudes crean una banda sonora constante que acompaña la vida urbana. Para muchos, este ruido se ha convertido en parte del paisaje diario, algo tan omnipresente que ni siquiera lo percibimos conscientemente. Sin embargo, aunque hemos aprendido a vivir con este ruido, su impacto en nuestra **salud mental y física** es profundo. Estudios han demostrado que la **exposición prolongada al ruido** aumenta los niveles de **estrés**, **ansiedad** y puede afectar negativamente nuestra capacidad de **concentración** y descanso.

El ruido no solo es físico. El **ruido digital**, en muchas formas, es incluso más invasivo. Las constantes notificaciones en nuestros teléfonos, los correos electrónicos que nunca dejan de llegar, las alertas de redes sociales y la compulsión de estar siempre conectados han creado un entorno de **ruido virtual** que interrumpe nuestra atención de manera constante. Este ruido digital puede parecer menos tangible que el físico, pero es igual de perturbador para nuestro **estado mental**. Nos encontramos en un ciclo interminable de responder a estímulos que nos distraen y nos impiden experimentar el silencio necesario para la reflexión profunda y el descanso mental.

Lo más preocupante de este ruido constante es que ha llevado a una **pérdida del valor** que atribuimos al silencio. En la antigüedad, el silencio era visto como un espacio sagrado, un momento para la **contemplación** y la **conexión espiritual**. El silencio permitía a los individuos observar su entorno, reflexionar sobre su vida y tomar decisiones con claridad. Hoy, sin embargo, el silencio a menudo se asocia con el **aburrimiento**, la **soledad** o la incomodidad. En lugar de buscar el silencio, muchos de nosotros lo evitamos activamente, llenando cada momento de nuestra vida con ruido, ya sea a través de música, podcasts, televisión o redes sociales. Hemos llegado a un punto donde el **ruido se ha normalizado**, y el silencio, cuando lo encontramos, puede resultar inquietante.

Este desplazamiento del silencio tiene consecuencias profundas en nuestra **salud emocional**. La falta de momentos de quietud nos priva de la oportunidad de procesar nuestras emociones, lo que puede llevarnos a una **desconexión emocional**. Al estar constantemente bombardeados por estímulos externos, nos resulta difícil sintonizar con lo que estamos sintiendo internamente. El silencio nos proporciona el espacio necesario para **escuchar nuestras emociones**, reflexionar sobre nuestras experiencias y encontrar soluciones a los desafíos que enfrentamos. Sin estos momentos de pausa, nuestras emociones quedan enterradas bajo capas de ruido, lo que puede aumentar la sensación de **estrés** y **ansiedad**.

A nivel **cognitivo**, la falta de silencio afecta nuestra capacidad para **pensar profundamente** y generar ideas creativas. Los momentos de tranquilidad son esenciales para que el cerebro pueda entrar en un estado de **modo predeterminado**, un estado mental en el que las ideas fluyen libremente, se procesan recuerdos y se conectan pensamientos de maneras nuevas. Este modo predeterminado es crucial para la **creatividad** y la **innovación**, ya que permite que el cerebro trabaje sin la interferencia de estímulos externos. Sin embargo, en un mundo ruidoso y lleno de distracciones digitales, este estado es cada vez más difícil de alcanzar. Nos encontramos atrapados en un ciclo de interrupciones, donde la creatividad y la reflexión profunda se ven sofocadas por el ruido constante.

El **ruido digital** también ha afectado nuestra capacidad para **disfrutar del silencio**. En lugar de aprovechar los momentos de quietud, muchos de nosotros sentimos la necesidad de llenarlos con estímulos. Revisamos compulsivamente nuestros teléfonos, ponemos música o encendemos la televisión, no porque realmente lo necesitemos, sino porque nos hemos vuelto **dependientes** del ruido. Este comportamiento refleja una **intolerancia al silencio**, una incapacidad para estar en quietud y en paz con nuestros propios pensamientos. Esta intolerancia es un síntoma de la sobreestimulación constante a la que estamos expuestos, y es algo que debe ser abordado si queremos recuperar el valor del silencio en nuestras vidas.

Además de los impactos en la salud mental y emocional, la desaparición del silencio tiene implicaciones en nuestras **relaciones interpersonales**. En un mundo lleno de ruido, nos resulta difícil prestar verdadera atención a los demás. Las conversaciones profundas y significativas requieren **espacios de silencio**, donde podamos reflexionar sobre lo que la otra persona está diciendo y responder de manera auténtica. Sin embargo, el ruido constante interfiere con nuestra capacidad para estar plenamente presentes en nuestras interacciones. El resultado es que muchas de nuestras relaciones se vuelven más **superficiales**, ya que estamos siempre distraídos y nunca completamente enfocados en el otro.

A medida que el silencio se vuelve cada vez más raro, es importante reconocer que se trata de un **recurso valioso** que debemos proteger y cultivar activamente. En lugar de ver el silencio como algo incómodo, podemos comenzar a valorarlo como una oportunidad para **recargar** nuestras energías, **procesar nuestras emociones** y **reconectar** con nuestro entorno. Esto puede implicar hacer un esfuerzo consciente por encontrar momentos de silencio en nuestras vidas, ya sea a través de la **meditación**, de caminar en la naturaleza o simplemente de desconectar de nuestros dispositivos digitales durante un tiempo. Al recuperar el silencio, no solo mejoramos nuestra salud mental y emocional, sino que también creamos un espacio para la **creatividad**, la **reflexión** y el **bienestar** general.

Los beneficios del silencio

En un mundo saturado de ruido y distracciones constantes, el **silencio** se ha convertido en un recurso invaluable para restaurar el equilibrio físico, mental y emocional. Aunque a menudo pasamos por alto su importancia, el silencio tiene un impacto profundo en nuestro **cerebro**, nuestro **cuerpo** y nuestro **bienestar emocional**. Lejos de ser simplemente la ausencia de sonido, el silencio es una **herramienta poderosa** para la regeneración y la claridad mental, proporcionando un espacio donde el cerebro y el cuerpo pueden recuperarse del desgaste diario.

Uno de los beneficios más importantes del silencio ocurre en el **cerebro**. En presencia de ruido constante, el cerebro está en un estado de alerta, procesando continuamente la información auditiva y filtrando los sonidos para identificar cuáles requieren una respuesta. Sin embargo, cuando experimentamos momentos de silencio, el cerebro tiene la oportunidad de entrar en un **estado de descanso activo**. Este estado es crucial porque permite que el cerebro procese y organice información, resuelva problemas y genere **conexiones creativas** entre ideas. Los estudios han demostrado que el cerebro utiliza los momentos de silencio para entrar en el llamado "**modo predeterminado**", una red neural que se activa cuando no estamos concentrados en tareas externas, lo que facilita la **reflexión** y la **introspección**.

El silencio también tiene un impacto positivo en la **plasticidad cerebral**, que es la capacidad del cerebro para cambiar y adaptarse. Según investigaciones en neurociencia, momentos regulares de silencio pueden promover la **neurogénesis**, que es la creación de nuevas neuronas en el cerebro. Este proceso es esencial para mejorar el **aprendizaje** y la **memoria**, lo que significa que el silencio no solo nos da un respiro mental, sino que también fortalece nuestra capacidad para procesar nueva información. Además, el silencio permite que el cerebro consolide recuerdos y haga conexiones más profundas, lo que nos ayuda a tomar decisiones más claras y fundamentadas.

En cuanto al **cuerpo**, el silencio también tiene un efecto calmante que ayuda a reducir los **niveles de estrés**. El ruido constante, especialmente en entornos urbanos, aumenta los niveles de **cortisol**, la hormona del estrés, lo que puede tener efectos negativos en la salud física a largo plazo. En contraste, la exposición al silencio reduce la activación del **sistema nervioso simpático**, responsable de la respuesta de "lucha o huida", y promueve la activación del **sistema nervioso parasimpático**, que ayuda a la relajación y recuperación. Este cambio reduce la **frecuencia cardíaca** y la **presión arterial**, lo que beneficia la salud cardiovascular.

El silencio también está asociado con una mayor sensación de **bienestar emocional**. En un entorno lleno de ruido, nuestras emociones pueden quedar atrapadas en el caos de la vida cotidiana, lo que dificulta la conexión con nuestros sentimientos más profundos. El silencio nos proporciona el espacio necesario para **procesar nuestras emociones** sin distracciones, lo que nos permite identificar y comprender lo que realmente estamos sintiendo. Esto puede ayudar a reducir la **ansiedad** y la **tensión emocional**, ya que el silencio crea un entorno seguro para la reflexión y el autoexamen. En lugar de reprimir nuestras emociones, el silencio nos permite **escucharlas** y trabajar con ellas de manera más saludable.

Además, el silencio promueve un estado de **atención plena**. Cuando eliminamos el ruido externo y nos sumergimos en el silencio, tenemos la oportunidad de **reconectar** con el momento presente. En lugar de estar constantemente saltando entre pensamientos o respondiendo a estímulos externos, el silencio nos invita a **pausar** y estar más presentes. Este estado de mindfulness no solo mejora nuestra capacidad para concentrarnos, sino que también nos permite disfrutar más profundamente de nuestras experiencias, lo que incrementa la **satisfacción general** en la vida.

El silencio también tiene un impacto positivo en nuestras **relaciones interpersonales**. Al reducir el ruido y crear un ambiente más tranquilo, podemos **escuchar** mejor a los demás y conectar de manera más auténtica. En lugar de que nuestras conversaciones se vean interrumpidas por el ruido de fondo o las distracciones digitales, el silencio nos permite enfocarnos completamente en la persona con la que estamos hablando, lo que fortalece las **relaciones** y mejora la **comunicación**.

Otro de los beneficios del silencio es su capacidad para fomentar la **creatividad**. En los momentos de quietud, el cerebro tiene la libertad de **divagar** y explorar ideas nuevas. Muchas veces, las soluciones más creativas a problemas complejos surgen cuando estamos en silencio, ya que la ausencia de estímulos externos permite que nuestras ideas fluyan sin restricciones. La creatividad no siempre surge en los momentos de actividad intensa; a menudo, es en el silencio donde nuestras mentes pueden **innovar** y generar nuevas perspectivas.

Finalmente, el silencio también tiene una dimensión **espiritual**. A lo largo de la historia, muchas tradiciones espirituales y filosóficas han valorado el silencio como un medio para conectar con uno mismo y con el mundo que nos rodea. El silencio puede actuar como un puente hacia una experiencia más profunda de **paz interior** y **claridad**. Nos ofrece la oportunidad de desconectar de las distracciones del mundo externo y conectarnos con nuestro **ser interior**, lo que puede generar una sensación de **plenitud** y **equilibrio** emocional.

En resumen, el silencio tiene un **impacto transformador** en nuestra vida cotidiana. Desde la mejora de la **claridad mental** hasta la reducción del **estrés** y el fortalecimiento de nuestras **relaciones**, los momentos de silencio nos permiten recuperar la **armonía** entre cuerpo y mente en medio del ruido y las distracciones del mundo moderno. Es esencial que volvamos a **apreciar el silencio** como un recurso valioso y cultivemos activamente momentos de quietud en nuestras vidas.

Recuperar el silencio en la vida cotidiana

A medida que el ruido y las distracciones constantes invaden nuestra vida cotidiana, el **silencio** se ha convertido en un bien cada vez más raro. Sin embargo, recuperar el silencio no es solo una cuestión de evitar el ruido físico o digital, sino de **crear conscientemente espacios** y momentos en los que podamos desconectar de las exigencias externas y **reconectar con nosotros mismos**. Estos momentos de quietud no solo nos proporcionan un respiro, sino que también permiten que nuestra mente y nuestro cuerpo se **recuperen** de la sobrecarga sensorial que enfrentamos día a día. Incorporar el silencio en nuestra vida diaria es esencial para promover el **descanso mental** y el **bienestar general**.

Una de las formas más efectivas de **recuperar el silencio** es establecer **momentos regulares de desconexión** a lo largo del día. Vivimos en una era en la que estamos constantemente conectados, ya sea a través de las redes sociales, el correo electrónico o las noticias. Esta hiperconectividad genera un **ruido digital** que dificulta la concentración y el descanso. Una forma simple de contrarrestar esto es programar **pausas digitales** en las que desconectemos nuestros dispositivos, apagando notificaciones y apartándonos de las pantallas. Estas pausas no tienen que ser largas; incluso cinco o diez minutos de silencio sin interrupciones pueden tener un **impacto positivo** en nuestro bienestar mental.

Otra práctica esencial es la **meditación** o la **atención plena**. Ambas son herramientas poderosas para cultivar el silencio interior en medio del bullicio externo. La meditación, en particular, nos enseña a **enfocar nuestra atención** y **calmar la mente**, incluso cuando estamos rodeados de ruido. A través de la meditación, podemos aprender a observar los pensamientos sin dejarnos arrastrar por ellos, lo que nos ayuda a **reducir el estrés** y a generar un espacio interno de calma. Dedicar solo unos minutos al día a la meditación nos permite crear un **refugio mental** donde el silencio es accesible en cualquier momento.

Además de la meditación, otra forma de incorporar el silencio en la vida cotidiana es practicar **actividades en solitario** que nos permitan **desconectar del ruido externo**. Actividades como caminar en la naturaleza, leer, escribir o incluso escuchar música tranquila pueden proporcionar momentos de calma que nos permiten recuperar el equilibrio mental. El silencio no siempre significa la ausencia total de sonido; puede ser un **silencio intencional**, donde el ruido externo se reduce y nos enfocamos en una actividad que promueve la **reflexión** y el **bienestar**. Estas actividades también nos ayudan a **reducir la sobreestimulación**, lo que permite que el cerebro se relaje y funcione de manera más eficiente.

Un espacio clave para recuperar el silencio es nuestro propio **hogar**. A menudo, nuestros hogares están llenos de ruido —ya sea el televisor de fondo, la música o las notificaciones de los dispositivos móviles—, lo que convierte nuestro entorno en una fuente de **distracción constante**. Crear un espacio en casa dedicado al silencio puede ser transformador. Este puede ser un rincón tranquilo para la lectura, la meditación o simplemente un lugar donde estar en calma. Mantener este espacio libre de tecnología y ruido innecesario puede ayudarnos a **reconectar con el silencio** y ofrecer un respiro durante la rutina diaria.

El **entorno natural** es otro lugar poderoso para reconectar con el silencio. La naturaleza, lejos del bullicio de las ciudades, nos ofrece un **silencio profundo** que tiene un efecto restaurador en nuestra mente y cuerpo. Dar paseos por un parque, la playa o una montaña, sin la presencia de dispositivos electrónicos, nos permite sumergirnos en el sonido del viento, los árboles o el agua, lo que reduce el **estrés** y promueve la **claridad mental.** La naturaleza nos invita a estar presentes y disfrutar del silencio en un contexto en el que los sonidos que encontramos no son intrusivos, sino que favorecen un **estado de tranquilidad.**

Para quienes viven en entornos urbanos y no siempre tienen acceso a la naturaleza, es importante encontrar pequeñas oportunidades para **crear silencio.** Esto puede implicar hacer un esfuerzo consciente para **reducir el ruido ambiental,** como evitar el uso constante de dispositivos electrónicos o elegir momentos del día en los que evitar el tráfico y el bullicio. Además, **viajar en silencio** —como durante el trayecto al trabajo sin escuchar música o podcasts— puede ser una práctica sencilla pero efectiva para **introducir más momentos de calma** en la vida diaria. Incluso cuando estamos rodeados de ruido, podemos encontrar espacios de silencio si los buscamos con intención.

El silencio también puede ser cultivado en nuestras **interacciones sociales.** En lugar de llenar cada momento de una conversación con palabras o ruido, podemos aprender a **valorar las pausas** y el silencio compartido. Estos momentos de pausa no solo permiten que las conversaciones respiren, sino que también nos ofrecen la oportunidad de **reflexionar** antes de responder, lo que mejora la **calidad de la comunicación** y nos ayuda a conectar más profundamente con los demás. Aceptar el silencio en nuestras interacciones también nos enseña a estar más presentes, en lugar de sentirnos incómodos con los momentos de quietud.

Otra práctica importante para recuperar el silencio en la vida cotidiana es implementar **rutinas de silencio.** Esto puede implicar establecer momentos regulares del día o de la semana en los que decidimos **desconectar completamente** del ruido externo. Algunas personas optan por practicar el "domingo de silencio", un día en el que limitan el uso de tecnología y se centran en actividades tranquilas. Otros prefieren **momentos de silencio al despertar** o antes de dormir, lo que puede ayudar a establecer un tono más **calmado y reflexivo** para el día o la noche. Cualquiera que sea la forma elegida, lo importante es que el silencio se convierta en una **parte intencional** de la rutina diaria.

Finalmente, una de las claves para reconectar con el silencio es aprender a **aceptar el aburrimiento**. En nuestra cultura de la gratificación instantánea, el aburrimiento suele verse como algo que debemos evitar a toda costa. Sin embargo, el **aburrimiento** puede ser una puerta de entrada al **silencio mental**. Permitirnos estar en silencio sin la necesidad de llenar cada momento con entretenimiento o actividad nos ayuda a entrenar nuestra mente para encontrar **placer en la quietud**. Esta habilidad es crucial para reducir nuestra dependencia de los estímulos constantes y cultivar un estado de calma interior.

11

MINIMALISMO SENSORIAL

El minimalismo sensorial propone una reducción consciente de los estímulos para mejorar la calidad de nuestras experiencias. En este capítulo, reflexionamos sobre cómo el exceso de estímulos es similar al exceso de bienes materiales y cómo la simplificación intencional puede mejorar nuestro bienestar. Discutiremos las ventajas del minimalismo aplicado a los sentidos, desde la reducción del ruido visual hasta la simplificación del entorno auditivo, y cómo vivir con menos estímulos puede enriquecer nuestra vida de manera profunda.

La sobrecarga sensorial como problema de consumo

En una sociedad caracterizada por el **consumismo**, no solo acumulamos **bienes materiales**, sino también una cantidad abrumadora de **estímulos sensoriales**. Al igual que en el caso del consumo excesivo de objetos, la sobrecarga sensorial surge de un deseo constante de llenar nuestras vidas con **más**, ya sean productos, experiencias o información. El **ruido**, las **imágenes**, las **notificaciones digitales** y los mensajes publicitarios forman parte de un flujo continuo de estímulos que inunda nuestra vida diaria, y que, al igual que el exceso de bienes materiales, nos conduce a una sensación de **saturación** y

agotamiento. Este exceso de estímulos sensoriales es un reflejo del mismo problema subyacente que enfrentamos con el consumismo: la **acumulación descontrolada** que, en lugar de proporcionar satisfacción, provoca **estrés** y **ansiedad**.

Al igual que el exceso de pertenencias puede crear **caos** en nuestros hogares y nuestras vidas, el exceso de estímulos genera una sensación similar en nuestra **mente**. La publicidad, las notificaciones constantes y las múltiples fuentes de información compiten por nuestra atención, lo que lleva a una **dispersión** de la misma y a un estado mental en el que resulta difícil concentrarse en una sola cosa. De la misma manera que los objetos que no necesitamos pueden **desordenar** nuestros espacios físicos, el flujo incesante de estímulos desordena nuestra **mente**, creando un entorno mental en el que es difícil encontrar **claridad** o **calma**.

El problema fundamental en ambos casos, tanto con los bienes materiales como con los estímulos sensoriales, es la idea de que **más es mejor**. En el caso de los objetos, hemos sido condicionados por el marketing y la cultura de consumo a pensar que tener más cosas es un signo de éxito o bienestar. De manera similar, hemos llegado a aceptar que recibir más información, más notificaciones y estar más conectados nos hace más eficientes o nos mantiene más informados. Sin embargo, esta lógica se desmorona cuando nos enfrentamos a los efectos negativos de la **sobrecarga**. En lugar de generar satisfacción, este exceso de estímulos nos deja con una sensación de **insatisfacción crónica**, ya que nuestra mente se satura y no puede procesar la cantidad de información que recibe.

El **consumo de estímulos sensoriales** también se ha convertido en una forma de evasión similar a la acumulación de bienes materiales. Muchas veces, el ruido constante o la sobrecarga de información se utiliza para **distraernos** de problemas más profundos o de la incomodidad del silencio o la soledad. Esta búsqueda de **entretenimiento constante** o **nuevas experiencias** refleja el mismo patrón que vemos en el consumismo material:

llenar el vacío con algo externo, en lugar de enfrentar lo que realmente está ocurriendo en nuestro interior. El resultado es una **dependencia** de los estímulos externos que, al igual que la acumulación de objetos, nunca llega a saciar nuestras necesidades emocionales y mentales más profundas.

Otra similitud entre el exceso de bienes y la sobrecarga sensorial es el **agotamiento** que ambos generan. Al igual que los objetos que acumulamos pueden hacer que nuestros hogares se sientan llenos pero vacíos al mismo tiempo, los estímulos constantes hacen que nuestra **capacidad mental se vea comprometida**. La fatiga mental que se deriva de estar expuestos a demasiados estímulos sensoriales —como el ruido, las luces brillantes, la publicidad y el flujo interminable de información— nos deja **cansados**, con una **atención fragmentada** y una capacidad reducida para **procesar información** o tomar decisiones de manera efectiva. Este agotamiento sensorial puede llevarnos a un estado de **saturación emocional**, en el que ya no somos capaces de disfrutar plenamente de las experiencias que realmente importan.

Uno de los problemas centrales de esta sobrecarga sensorial es que, al igual que el exceso de objetos, **entorpece nuestra capacidad para discernir** lo que es verdaderamente valioso. Cuando estamos rodeados de demasiada información y demasiadas opciones, es difícil decidir qué es realmente importante o significativo. Este fenómeno, conocido como la **paradoja de la elección**, nos lleva a sentirnos abrumados, ya que nuestro cerebro lucha por filtrar los estímulos y determinar en qué debemos concentrarnos. En este estado, la **claridad mental** se vuelve inalcanzable, y nos encontramos atrapados en un ciclo de **distracción** y **saturación sensorial**.

El impacto de la **sobrecarga sensorial** también se manifiesta en nuestras **emociones**. Al igual que el exceso de objetos puede generar una sensación de **desorden emocional** y ansiedad, la sobreexposición a estímulos sensoriales nos deja sintiéndonos **desconectados** de nuestras propias emociones. El ruido constante y la exposición a múltiples pantallas nos impiden tener momentos de **silencio y reflexión**, que son esenciales para procesar nuestras emociones y comprender lo que realmente sentimos. Sin estos momentos de quietud, nuestras emociones quedan enterradas bajo capas de estímulos externos, lo que puede llevar a una sensación de **desconexión** emocional o a una incapacidad para enfrentarnos a nuestras verdaderas necesidades emocionales.

El consumismo sensorial, al igual que el material, también tiene consecuencias para nuestra **creatividad** y nuestra **capacidad de innovar**. Al estar constantemente bombardeados por estímulos, nuestro cerebro no tiene el espacio necesario para **divagar** o generar nuevas ideas. La creatividad requiere tiempo y, a menudo, **silencio** para que las ideas se desarrollen de manera natural. Sin embargo, en un entorno saturado de información y distracciones, este proceso creativo se ve interrumpido. De la misma manera que un espacio físico lleno de objetos puede sofocar nuestra capacidad de movernos con libertad, una mente saturada de estímulos lucha por **encontrar claridad** y **conectar pensamientos** de manera creativa.

Para contrarrestar esta sobrecarga sensorial, es necesario adoptar un enfoque de **minimalismo sensorial**, similar al minimalismo que se ha aplicado al consumo material. Esto implica **reducir activamente** la cantidad de estímulos a los que nos exponemos, seleccionando conscientemente qué información consumimos, qué ruido permitimos en nuestro entorno y cómo gestionamos las notificaciones y distracciones digitales. Al igual que el minimalismo material se centra en **poseer menos** pero de mayor calidad, el minimalismo sensorial busca **exponerse a menos estímulos**, pero asegurando que esos estímulos sean **significativos** y **enriquecedores**. Este enfoque nos ayuda a **recuperar el control** sobre nuestra atención y a crear un entorno mental más claro y enfocado.

En resumen, la **sobrecarga sensorial** es, en esencia, un problema de **consumo**. Al igual que el consumismo material nos lleva a acumular objetos innecesarios que llenan nuestro espacio físico, la acumulación de estímulos sensoriales llena nuestro espacio mental de ruido e información que no necesitamos. Recuperar el control sobre esta saturación es esencial para restablecer el **equilibrio mental y emocional**, permitiendo que nuestras mentes funcionen de manera más eficiente y disfruten de una mayor **claridad y calma**.

El minimalismo aplicado a los sentidos

El concepto de **minimalismo** no se limita solo a los bienes materiales; también puede aplicarse a la forma en que interactuamos con el mundo a través de nuestros **sentidos**. En una sociedad sobrecargada de estímulos —visual, auditivo, táctil y digital—, la **reducción intencional** de estos estímulos puede transformar nuestra manera de experimentar la vida. En lugar de tratar de abarcar más, el minimalismo sensorial nos invita a **hacer menos**, pero con mayor **calidad**, permitiéndonos **saborear** cada experiencia de manera más profunda. Al igual que en el minimalismo material, la clave es la **selección consciente**: no se trata de eliminar por completo los estímulos, sino de **priorizar** aquellos que verdaderamente nos enriquecen.

La idea de reducir intencionalmente los estímulos comienza con un cambio de mentalidad: en lugar de buscar la constante **saturación sensorial** —ya sea a través de pantallas, ruido o entornos abarrotados de información—, podemos optar por **simplificar** lo que vemos, escuchamos y tocamos. Este enfoque minimalista aplicado a los sentidos busca liberar espacio mental y emocional, permitiendo que las experiencias que realmente valen la pena ocupen un lugar más destacado en nuestra vida. Al reducir la cantidad de estímulos que recibimos, nos volvemos más conscientes y **presentes** en cada momento, lo que incrementa la **calidad** de nuestras vivencias.

Uno de los primeros sentidos en los que podemos aplicar este enfoque es el **sentido visual**. En un mundo donde estamos constantemente bombardeados por imágenes, desde las redes sociales hasta la publicidad callejera, nuestros ojos rara vez descansan. Este flujo constante de estímulos visuales crea **fatiga ocular** y contribuye a una sensación de **sobrecarga**. Aplicar el minimalismo a lo que percibimos visualmente implica **simplificar nuestro entorno**. Esto puede significar organizar nuestro espacio de trabajo o de vida para reducir el **desorden visual**, eliminando elementos innecesarios que no aportan valor. Un espacio limpio y ordenado, sin objetos que distraigan, puede tener un impacto profundo en nuestro **estado mental**, ya que el cerebro se siente más relajado y enfocado en un entorno despejado.

La **reducción intencional de estímulos visuales** también se puede practicar a través de la **desconexión digital**. Pasar menos tiempo frente a pantallas —ya sea el teléfono, la televisión o el ordenador— nos permite dar un respiro a nuestros ojos y nuestra mente. Optar por actividades fuera de línea, como leer un libro físico o caminar al aire libre, nos ofrece una oportunidad para disfrutar de un **paisaje visual** más natural y menos intrusivo. Al hacer un esfuerzo consciente para limitar el tiempo que pasamos expuestos a imágenes y videos de alta velocidad, damos lugar a una experiencia visual más **enfocada** y **tranquila**.

Otro sentido clave para aplicar el minimalismo es el **auditivo**. El **ruido constante**, ya sea en forma de tráfico, conversaciones de fondo o música de ambiente, afecta nuestra capacidad de concentrarnos y genera **estrés**. Al aplicar un enfoque minimalista a lo que escuchamos, podemos comenzar por reducir el **ruido innecesario** en nuestro entorno. Esto puede implicar buscar momentos de **silencio**, apagar música o televisión de fondo que no estamos escuchando activamente, o crear **espacios de tranquilidad** en casa donde el ruido externo esté minimizado. El silencio, o la ausencia de ruido constante, no solo favorece el **descanso mental**, sino que también nos permite **apreciar mejor los sonidos** significativos que nos rodean, como la naturaleza o una conversación íntima.

El **minimalismo auditivo** también puede extenderse a la forma en que consumimos información a través del sonido. En lugar de escuchar podcasts o música continuamente, podemos hacer una selección más cuidadosa de lo que escuchamos, eligiendo contenido que realmente nos inspire o nos relaje. Escuchar música con **atención plena**, en lugar de usarla como ruido de fondo, puede transformar la experiencia auditiva, permitiéndonos disfrutar de cada nota y melodía de manera más completa. Esta práctica también nos ayuda a **reducir el estrés**, ya que nos enfocamos en **menos** sonidos, pero de mayor calidad.

El sentido del **tacto** es otro que podemos simplificar para mejorar nuestra experiencia sensorial. En un mundo lleno de objetos que competimos por adquirir, muchas veces nos rodeamos de cosas que no aportan valor sensorial. Aplicar el minimalismo táctil implica rodearnos solo de **texturas y materiales** que nos brindan una experiencia **cálida** y **confortable**. Esto puede significar elegir ropa de tejidos agradables, muebles cómodos o productos de calidad que nos proporcionen una experiencia táctil placentera. Al reducir la cantidad de objetos innecesarios en nuestro entorno y enfocarnos en la **calidad** de los materiales con los que interactuamos, podemos mejorar nuestra conexión con el mundo físico de una manera más **consciente** y **reflexiva**.

El minimalismo aplicado al sentido del **olfato** y del **gusto** también puede transformar la forma en que experimentamos el mundo. En lugar de estar saturados por fragancias artificiales o alimentos ultraprocesados, podemos optar por experiencias olfativas y gustativas más **naturales** y **sencillas**. Un ambiente con aromas suaves y naturales, como aceites esenciales o flores frescas, puede crear una sensación de calma y serenidad. En el ámbito del gusto, aplicar el minimalismo sensorial significa enfocarnos en **sabores auténticos** y **simples**, evitando la sobrecarga de aditivos o alimentos demasiado procesados. Al elegir conscientemente lo que comemos y bebemos, nos permitimos disfrutar más de cada bocado y de cada aroma, lo que incrementa la **satisfacción** en nuestras experiencias culinarias.

El minimalismo sensorial también nos invita a **ser más selectivos** con las experiencias que decidimos tener. En lugar de intentar llenar cada momento de nuestras vidas con actividades y estímulos, podemos optar por experiencias que realmente nos enriquezcan, tanto a nivel personal como sensorial. Esto podría significar pasar menos tiempo en entornos bulliciosos y más tiempo en la naturaleza, donde los estímulos son más suaves y relajantes. También podría implicar simplificar nuestras actividades diarias, reduciendo la cantidad de compromisos para poder disfrutar más plenamente de los que realmente importan.

La clave del minimalismo aplicado a los sentidos es la **atención plena**. Al reducir el número de estímulos que permitimos en nuestra vida, nos volvemos más **presentes** y podemos experimentar cada uno de ellos de manera más profunda. En lugar de saltar de un estímulo a otro sin descanso, el minimalismo sensorial nos enseña a **saborear** cada momento, a **disfrutar de lo simple** y a encontrar placer en la **calma** y el **silencio**. Esta práctica no solo mejora nuestra **calidad de vida**, sino que también nos ayuda a encontrar un mayor equilibrio y serenidad en medio del caos del mundo moderno.

Simplicidad sensorial para una vida más plena

En un mundo saturado de estímulos, optar por la **simplicidad sensorial** no es solo una elección estética, sino una herramienta poderosa para vivir una vida más **plena** y **equilibrada**. La sobrecarga sensorial —ya sea en forma de ruido, imágenes, información o distracciones digitales— genera una sensación de **fatiga** y **dispersión**. La búsqueda constante de más estímulos nos deja exhaustos y desconectados de lo esencial. En cambio, al **reducir conscientemente los estímulos** a los que nos exponemos y enfocarnos en experiencias **simples y significativas**, podemos recuperar una mayor sensación de **claridad mental, bienestar emocional** y **presencia** en la vida cotidiana.

Uno de los beneficios clave de la simplicidad sensorial es la mejora en nuestra **capacidad de concentración y atención plena**. En un entorno lleno de estímulos, nuestro cerebro se ve obligado a dividir su atención entre múltiples fuentes de información, lo que fragmenta nuestro enfoque y nos deja sintiéndonos dispersos. Al reducir la cantidad de estímulos que permitimos en nuestro entorno —ya sea limitando el tiempo que pasamos en redes sociales, eliminando el ruido de fondo o simplificando el espacio visual a nuestro alrededor—, creamos un entorno propicio para el **enfoque sostenido**. Este enfoque no solo nos permite ser más productivos en el trabajo o en nuestras actividades diarias, sino que también nos ayuda a disfrutar más plenamente de cada momento, ya que nuestra atención está menos fragmentada.

La simplicidad sensorial también nos ofrece la oportunidad de **reconectar con el presente**. En un mundo que constantemente nos empuja hacia lo próximo —la próxima notificación, la próxima compra, la próxima experiencia—, a menudo nos encontramos desconectados del **momento actual**. Al reducir los estímulos, nos permitimos estar más presentes en lo que estamos haciendo, ya sea una conversación con un ser querido, una comida o una caminata por la naturaleza. Esta presencia nos permite **saborear** y **disfrutar** más profundamente cada experiencia, lo que incrementa nuestra sensación de **satisfacción** y **plenitud** en la vida diaria.

Otro de los beneficios de la simplicidad sensorial es la **reducción del estrés**. La exposición constante a estímulos externos, especialmente en forma de ruido y distracciones visuales, activa nuestro **sistema nervioso** y nos mantiene en un estado de **alerta**. Esta estimulación continua genera altos niveles de **cortisol**, la hormona del estrés, lo que a largo plazo puede tener efectos negativos en nuestra salud física y mental. Al reducir los estímulos sensoriales innecesarios, creamos un espacio donde nuestro cuerpo y nuestra mente pueden relajarse y **recuperarse**. Esto no solo mejora nuestro bienestar emocional, sino que también fortalece nuestra capacidad para **afrontar** los desafíos de la vida cotidiana con mayor calma y resiliencia.

Para muchas personas, la simplicidad sensorial también ayuda a **fomentar la creatividad**. En un entorno saturado de estímulos, nuestras mentes están constantemente ocupadas reaccionando a lo que sucede a nuestro alrededor, lo que deja poco espacio para la reflexión creativa. En cambio, cuando reducimos los estímulos, permitimos que el cerebro tenga más espacio para **divagar** y explorar nuevas ideas. Los momentos de **quietud** y **calma** son esenciales para el proceso creativo, ya que permiten que las ideas se conecten de manera más natural y que surjan soluciones innovadoras a los problemas. Al eliminar el ruido externo, creamos un entorno donde la creatividad puede **florecer** sin restricciones.

La simplicidad sensorial también nos ayuda a **valorar lo esencial**. En lugar de saturarnos con información, objetos o experiencias superficiales, podemos enfocarnos en aquello que realmente nos aporta **valor** y **significado**. Esto no solo aplica a las cosas materiales, sino también a nuestras interacciones y actividades cotidianas. Al reducir el número de estímulos y compromisos en nuestra vida, podemos dedicar más tiempo y atención a las personas, actividades y experiencias que realmente nos enriquecen. Este enfoque en lo esencial nos lleva a una vida más **intencional** y satisfactoria, donde cada elección está alineada con nuestros valores y necesidades más profundas.

Ahora bien, ¿cómo podemos aplicar la **simplicidad sensorial** en nuestra vida cotidiana? A continuación, se presentan algunos **métodos prácticos** que nos ayudan a reducir los estímulos y enfocarnos en lo esencial:

1. **Desconexión digital consciente:** Uno de los principales generadores de sobrecarga sensorial es la tecnología. Practicar la desconexión digital —al menos durante ciertos momentos del día— puede ayudarnos a reducir la cantidad de estímulos visuales y auditivos que recibimos. Esto puede implicar establecer horarios específicos para revisar el correo electrónico o las redes sociales, desactivar notificaciones no esenciales y limitar el uso de pantallas antes de dormir. Al dedicar

tiempo a actividades sin dispositivos, permitimos que nuestros sentidos descansen y creamos más espacio para la reflexión y el disfrute pleno de nuestras actividades.

2. **Simplificación del entorno:** El minimalismo sensorial también puede aplicarse a nuestro espacio físico. Al **simplificar nuestro entorno** —eliminando el desorden visual y reduciendo el ruido de fondo—, creamos un ambiente más tranquilo y propicio para el descanso y la concentración. Esto puede incluir reducir el número de objetos decorativos en casa, optar por colores neutros y relajantes, y mantener solo aquellos elementos que realmente disfrutamos o que son funcionales. Un entorno más ordenado y despejado promueve la **claridad mental** y reduce la sensación de saturación sensorial.

3. **Creación de espacios de silencio:** El silencio es un recurso valioso para el descanso mental. Dedicar tiempo a buscar momentos de **silencio** en el día puede ayudarnos a equilibrar la sobrecarga sensorial. Esto puede incluir crear un rincón de meditación o lectura donde no haya ruido de fondo, salir a caminar por la naturaleza sin dispositivos electrónicos, o incluso practicar el "ayuno de sonido" al reducir el uso de música o televisión. Estos momentos de silencio no solo ofrecen una pausa para los sentidos, sino que también nos permiten **reconectar con nuestro mundo interior**.

4. **Enfoque en actividades significativas:** En lugar de tratar de hacer todo y estar en todas partes, la simplicidad sensorial nos invita a **priorizar** las actividades que realmente nos aportan satisfacción. Esto puede significar reducir el número de compromisos sociales o simplificar nuestras rutinas diarias para tener más tiempo para las actividades que nos apasionan. Al dedicar más tiempo a las cosas que realmente importan, podemos experimentar una mayor **profundidad** y **presencia** en cada actividad, lo que nos ayuda a sentirnos más plenos.

5. **Práctica de la atención plena (mindfulness):** Aplicar el concepto de atención plena a nuestras actividades diarias es una excelente manera de simplificar nuestra experiencia sensorial. En lugar de tratar de hacer múltiples tareas a la vez o dejar que nuestra mente divague, podemos

enfocarnos completamente en lo que estamos haciendo en el momento presente, ya sea comer, caminar o trabajar. Al prestar atención plena a cada sensación —ya sea el sabor de un alimento, la textura de una prenda o el sonido de la naturaleza—, podemos disfrutar más profundamente de las experiencias sencillas y encontrar más satisfacción en lo cotidiano.

En resumen, la **simplicidad sensorial** es una vía para vivir una vida más plena y significativa. Al reducir conscientemente la cantidad de estímulos que permitimos en nuestra vida diaria y enfocarnos en lo que realmente importa, podemos mejorar nuestro bienestar mental, emocional y físico. Esta simplificación no implica renunciar a las experiencias sensoriales, sino hacerlas más **enriquecedoras** y **conscientes**. Al optar por la calidad sobre la cantidad, descubrimos que lo esencial es más que suficiente para vivir con plenitud.

12

LA ATENCIÓN PLENA EN UN MUNDO DE DISTRACCIONES

P racticar la **atención plena** es uno de los mayores desafíos en un mundo saturado de distracciones. En este capítulo, exploramos cómo la saturación de estímulos digitales dificulta nuestra capacidad de estar presentes y cómo la atención plena puede ser una herramienta poderosa para contrarrestar la sobrecarga sensorial. Analizaremos técnicas de mindfulness y meditación que nos pueden ayudar a reconectar con el presente, reducir el estrés y recuperar el control sobre nuestra atención en un entorno lleno de interrupciones.

El desafío de la atención plena en la era digital

En la era digital, donde estamos constantemente bombardeados por **notificaciones**, **mensajes** y una avalancha incesante de información, la práctica de la **atención plena** enfrenta uno de sus mayores desafíos. La atención plena, que implica estar **totalmente presente** en el momento y consciente de nuestras experiencias sin distracciones, se ve profundamente obstaculizada por el entorno actual de **hiperestimulación**. Las redes sociales, los dispositivos móviles y las plataformas digitales están diseñadas específicamente para captar nuestra atención en todo momento, lo que nos deja luchando para encontrar **momentos de quietud** y **concentración**. Esta saturación de estímulos nos desconecta de la **atención consciente**, y nos empuja hacia un estado de dispersión mental.

La **tecnología digital** ha transformado radicalmente nuestra relación con el tiempo y la atención. En lugar de permitirnos concentrarnos profundamente en una tarea o experiencia, la tecnología está diseñada para **fragmentar** nuestra atención. Las notificaciones constantes, ya sea de mensajes de texto, correos electrónicos o redes sociales, interrumpen nuestra capacidad de **mantener el foco**. Incluso cuando no estamos mirando activamente nuestros dispositivos, la posibilidad de recibir una notificación genera un estado de **hipervigilancia**, lo que nos mantiene en una especie de alerta continua. Este ciclo de interrupciones nos roba la capacidad de estar presentes en el momento y **disfrutar de las experiencias** que estamos viviendo, ya que nuestra mente está siempre esperando el próximo estímulo.

Uno de los problemas centrales de esta **sobrecarga de estímulos** es que el cerebro humano no está diseñado para manejar múltiples fuentes de información al mismo tiempo de manera eficiente. Aunque nos gusta pensar que somos buenos en la **multitarea**, en realidad, nuestro cerebro funciona mejor cuando nos concentramos en una cosa a la vez. Sin embargo, el entorno digital promueve la **multitarea constante**: respondemos a un mensaje mientras revisamos una notificación y, al mismo tiempo, tenemos abiertas varias pestañas de información. Este flujo constante de tareas y estímulos fragmenta nuestra atención, impide la **profundización** en una sola actividad y dificulta nuestra capacidad para practicar la **atención plena**.

El concepto de **atención plena** se basa en la idea de **estar presentes** en el aquí y el ahora, y esta presencia se vuelve difícil de alcanzar cuando nuestra mente está constantemente saltando entre diferentes estímulos. En lugar de sumergirnos plenamente en una actividad o conversación, estamos siempre divididos entre lo que estamos haciendo y lo que podría estar sucediendo en nuestros dispositivos. Este estado de **dispersión mental** no solo afecta nuestra capacidad para estar presentes, sino que también genera **estrés** y **ansiedad**, ya que nuestra mente nunca se siente completamente en calma o centrada. La saturación digital nos condiciona a esperar gratificación instantánea, lo que interfiere con la práctica de la **atención plena**, que requiere **paciencia** y un enfoque más pausado y deliberado.

El entorno digital moderno también promueve una **mentalidad reactiva**, en lugar de una **mentalidad consciente y reflexiva**. Las plataformas digitales están diseñadas para captar nuestra atención a través de estímulos visuales y sonoros que nos invitan a **reaccionar de inmediato**: responder a un mensaje, hacer clic en un enlace, "me gusta" en una publicación. Esta necesidad de responder rápidamente genera una especie de **urgencia constante**, lo que hace que sea mucho más difícil practicar la **atención plena**. En lugar de observar nuestros pensamientos y emociones de manera tranquila y deliberada, estamos condicionados a **reaccionar** a cada nuevo estímulo que aparece, lo que refuerza un ciclo de **impulsividad**.

La **dopamina**, un neurotransmisor asociado con el sistema de recompensa del cerebro, juega un papel importante en este ciclo de hiperestimulación digital. Cada vez que recibimos una notificación o interactuamos en redes sociales, nuestro cerebro libera pequeñas cantidades de dopamina, lo que nos genera una sensación de **satisfacción momentánea**. Este proceso refuerza la búsqueda constante de más estímulos, lo que nos condiciona a verificar compulsivamente nuestros dispositivos en busca de la próxima recompensa. La atención plena, que nos invita a **frenar** y a **observar** nuestras reacciones sin actuar de inmediato, se ve comprometida por esta adicción a la gratificación rápida. En lugar de permitirnos disfrutar del momento presente, nos encontramos constantemente buscando el próximo estímulo que active este sistema de recompensa.

Además, la **cantidad de información** a la que estamos expuestos a través de dispositivos digitales es abrumadora. Estamos constantemente procesando noticias, actualizaciones en redes sociales, mensajes y anuncios, lo que genera una **sobrecarga cognitiva**. Esta saturación mental no solo fragmenta nuestra capacidad de atención, sino que también nos deja con **poco espacio mental** para la introspección y la observación consciente. La práctica de la atención plena requiere espacio para que el cerebro **descanse** y **reflexione**, pero en un mundo digital que nunca se apaga, ese espacio se ve cada vez más reducido. Al estar siempre expuestos a nuevos estímulos, perdemos la capacidad de **pausar** y permitir que la mente se **recalibre**, lo que es esencial para la práctica de la atención plena.

La **comparación constante** también es un obstáculo importante. Las redes sociales, en particular, están diseñadas para mostrarnos continuamente lo que otros están haciendo, logrando o experimentando. Este flujo constante de información nos empuja a **compararnos** con los demás, lo que puede generar una sensación de **insatisfacción** e incluso **ansiedad**. La atención plena se basa en aceptar el momento tal como es, sin juicio, pero en un mundo digital que nos bombardea con imágenes idealizadas de la vida de los demás, es difícil no caer en el ciclo de **expectativas poco realistas** y en la sensación de que siempre estamos quedándonos atrás. Esta comparación digital nos desconecta de la **aceptación plena** del presente y nos empuja hacia una búsqueda constante de lo que creemos que nos falta.

Finalmente, el **ritmo acelerado** de la vida digital va en contra de los principios de la atención plena, que nos invita a **desacelerar** y a prestar atención a cada momento con cuidado y deliberación. Las plataformas digitales y la cultura de la información instantánea promueven la idea de que siempre debemos estar haciendo algo, siempre debemos estar actualizados o respondiendo. Este ritmo constante nos roba la oportunidad de **pausar** y disfrutar de la quietud, lo que nos deja sintiéndonos agotados y dispersos. En lugar de practicar la atención plena y disfrutar de la **riqueza del momento presente**, estamos atrapados en un ciclo de distracción y **velocidad**, que nos desconecta de nosotros mismos y de los demás.

Para muchas personas, el **desafío de la atención plena en la era digital** radica en encontrar el **equilibrio** entre el uso de la tecnología y la necesidad de **presencia consciente**. La tecnología, aunque ofrece grandes beneficios, también requiere que seamos más **intencionales** en la forma en que gestionamos nuestra atención. Aprender a **limitar** las distracciones, crear momentos de **desconexión** y practicar la **observación sin juicio** es fundamental para recuperar nuestra capacidad de estar presentes en un mundo que constantemente compite por nuestra atención.

Mindfulness como herramienta para contrarrestar la sobrecarga

En una sociedad caracterizada por la **sobrecarga sensorial** y la **constante demanda de atención**, el **mindfulness** o **atención plena** emerge como una de las herramientas más efectivas para **contrarrestar** los efectos negativos del entorno digital. A medida que somos bombardeados por estímulos que fragmentan nuestra atención —desde notificaciones digitales hasta el ruido constante de la vida urbana—, el mindfulness nos ofrece un enfoque **intencional** y **consciente** para **recuperar el control** de nuestra mente y nuestras emociones. Esta práctica, que nos invita a estar completamente presentes en el **aquí y el ahora**, es esencial para restaurar el **equilibrio mental** en un mundo saturado de distracciones.

El **mindfulness** se basa en la idea de prestar atención de manera deliberada a lo que está ocurriendo en el momento presente, sin juicio. A través de esta práctica, podemos empezar a **observar** nuestros pensamientos, emociones y sensaciones sin reaccionar de manera automática a ellos. Esto es crucial en un entorno digital que nos condiciona a **reaccionar constantemente** a estímulos externos, desde notificaciones en redes sociales hasta mensajes instantáneos. En lugar de dejar que estos estímulos nos arrastren, el mindfulness nos permite **crear un espacio** entre el estímulo y nuestra respuesta, lo que nos da la oportunidad de **responder de manera consciente** en lugar de reaccionar impulsivamente.

Uno de los mayores beneficios del mindfulness es que nos ayuda a **reducir el estrés**. La exposición constante a estímulos externos, ya sea en forma de ruido, información o interrupciones digitales, genera un estado de **alerta constante** en nuestro cuerpo y mente. Este estado de hiperactividad mental es agotador y afecta nuestra capacidad para relajarnos y concentrarnos. Al practicar mindfulness, podemos **calmar nuestro sistema nervioso** y reducir la activación del **sistema nervioso simpático** (responsable de la respuesta de lucha o huida), promoviendo en su lugar la activación del **sistema nervioso parasimpático**, que favorece la **relajación** y la **recuperación**. A medida que aprendemos a enfocarnos en el presente, nuestra mente y cuerpo pueden **desacelerar**, lo que reduce los niveles de **cortisol** (la hormona del estrés) y nos permite experimentar un mayor **bienestar general**.

Una de las técnicas más básicas y efectivas del mindfulness es la **meditación de atención plena**. Esta práctica consiste en dedicar unos minutos al día a **observar la respiración**, las sensaciones corporales o los pensamientos que surgen en la mente sin intentar cambiar o juzgar nada. La meditación de atención plena es una herramienta poderosa porque nos enseña a **centrar la atención** en un punto fijo, como la respiración, y a **volver al presente** cuando la mente se desvía hacia distracciones o pensamientos externos. Este entrenamiento mental no solo mejora nuestra capacidad de **concentración**, sino que también nos enseña a ser **más conscientes** de nuestros patrones de pensamiento y comportamiento. Al volvernos más conscientes, podemos romper el ciclo de reacciones automáticas que suelen dominar nuestra vida diaria.

Otra técnica importante de mindfulness es la **atención plena en las actividades diarias**. No siempre es necesario sentarse a meditar para practicar el mindfulness; también podemos incorporar esta atención plena en nuestras **rutinas cotidianas**. Por ejemplo, podemos practicar la atención plena mientras comemos, caminamos o realizamos tareas simples como lavar los platos. Al hacer esto, enfocamos toda nuestra atención en la actividad que estamos realizando, observando las sensaciones, los sonidos y los movimientos con **plena conciencia**. Este enfoque nos ayuda a **ralentizar el ritmo** y a disfrutar más de las experiencias cotidianas, que a menudo pasan desapercibidas cuando nuestra mente está distraída.

El mindfulness también ofrece herramientas para **gestionar las emociones** de manera más eficaz. En lugar de sentirnos abrumados por emociones como el estrés, la ansiedad o la irritación, el mindfulness nos enseña a **observar** estas emociones sin identificarnos completamente con ellas. A través de la **observación consciente**, podemos notar cómo surgen las emociones y cómo se manifiestan en el cuerpo, lo que nos permite **despegarnos** de ellas y gestionarlas con mayor **calma**. Esta práctica es especialmente útil en un entorno digital donde las emociones pueden ser amplificadas por la exposición constante a las redes sociales o las noticias, ya que nos permite **tomar distancia** emocional y recuperar el control de nuestra **respuesta emocional**.

Otro aspecto clave del mindfulness es su capacidad para mejorar nuestra **claridad mental**. En un entorno saturado de información y distracciones, nuestra mente a menudo se siente **nublada** o **caótica**. El mindfulness nos invita a reducir la velocidad y a **enfocar nuestra atención** en lo que es verdaderamente importante en el momento presente. A medida que practicamos la atención plena, podemos empezar a **distinguir** entre lo que realmente merece nuestra atención y lo que es simplemente ruido de fondo. Este enfoque nos ayuda a **priorizar** de manera más eficaz, lo que reduce la sensación de **sobrecarga mental** y mejora nuestra **productividad** en las tareas que realmente importan.

Uno de los beneficios más profundos del mindfulness es su capacidad para

fomentar la aceptación. En lugar de luchar contra lo que no podemos controlar, el mindfulness nos enseña a **aceptar** el momento presente tal como es, sin intentar cambiarlo o juzgarlo. Esta actitud de aceptación nos permite **liberarnos** de la necesidad de controlar constantemente nuestro entorno o nuestras emociones, lo que reduce significativamente el estrés y la ansiedad. En un mundo donde todo parece moverse a una velocidad vertiginosa, el mindfulness nos invita a **detenernos**, a observar el momento presente y a encontrar paz en la **simple presencia.**

A nivel fisiológico, el mindfulness también ha demostrado tener efectos positivos en el **cerebro.** Estudios de neurociencia han revelado que la práctica regular del mindfulness puede **fortalecer la corteza prefrontal**, el área del cerebro responsable de la toma de decisiones, la regulación emocional y la atención. Al mismo tiempo, la **amígdala**, la región del cerebro asociada con la respuesta al estrés y el miedo, se vuelve menos activa a medida que practicamos mindfulness. Estos cambios en el cerebro contribuyen a una mayor **resiliencia emocional**, mejor capacidad de **enfoque** y una mayor capacidad para **gestionar el estrés** en situaciones desafiantes.

Además, el mindfulness promueve una mayor **conexión con el cuerpo.** En un mundo que nos empuja constantemente a vivir en nuestra mente, llenos de preocupaciones o planes futuros, la atención plena nos ayuda a **reconectar con nuestras sensaciones físicas** y a ser más conscientes de lo que nuestro cuerpo necesita. Al prestar atención a las señales del cuerpo, como la respiración, la postura o el cansancio, podemos identificar cuándo necesitamos **descansar,** cuándo estamos tensos o cuándo debemos ajustar nuestro comportamiento para sentirnos mejor. Esta conexión cuerpo-mente es fundamental para **mantener el equilibrio** y cuidar de nuestra **salud física y mental.**

Finalmente, el mindfulness también tiene un impacto positivo en nuestras **relaciones.** Al estar más presentes y conscientes, somos capaces de **escuchar** mejor a los demás, de ser más empáticos y de estar más **conectados**

emocionalmente con quienes nos rodean. En lugar de estar distraídos o preocupados por lo que viene a continuación, el mindfulness nos permite estar plenamente **presentes** en nuestras interacciones, lo que mejora la **calidad** de nuestras relaciones y genera una mayor sensación de **conexión emocional**.

Viviendo con intención

En un mundo donde los estímulos sensoriales y digitales nos bombardean constantemente, es fácil dejarse llevar por la corriente y reaccionar de manera automática a lo que sucede a nuestro alrededor. Sin embargo, al integrar la **atención plena** en nuestra vida cotidiana, podemos comenzar a vivir con **intención**, lo que significa tomar decisiones más conscientes sobre cómo **administramos nuestro tiempo, atención y energía**. Este enfoque intencional nos permite no solo **manejar los estímulos de manera más eficaz**, sino también vivir una vida más rica, centrada y alineada con nuestros valores.

Vivir con intención implica **prestar atención deliberada** a nuestras acciones, pensamientos y emociones, de modo que nuestras decisiones no estén dictadas por el ruido externo, sino por lo que realmente consideramos importante. En lugar de dejarnos arrastrar por el ciclo de estímulos y reacciones automáticas —que muchas veces genera estrés y agotamiento—, la **atención plena** nos invita a **pausar**, reflexionar y **elegir conscientemente** nuestras respuestas. Este enfoque es particularmente relevante en una sociedad saturada de estímulos, donde constantemente enfrentamos decisiones sobre en qué enfocar nuestra atención, cómo responder a las demandas del entorno y cómo gestionar la avalancha de información.

Un aspecto fundamental de vivir con intención es el **manejo consciente de los estímulos**. En lugar de permitir que nuestras notificaciones, correos electrónicos o redes sociales controlen nuestra atención, podemos empezar a **seleccionar** conscientemente cuáles estímulos merecen nuestra atención y cuáles podemos dejar de lado. Esto significa establecer **límites claros** con respecto a la tecnología, eligiendo cuándo y cómo interactuar con ella de manera que no interrumpa nuestras actividades importantes o nuestros momentos de descanso. Por ejemplo, podemos crear **zonas libres de tecnología** en casa o establecer horarios específicos para revisar mensajes y redes sociales, lo que nos permite **recuperar el control** sobre nuestra atención en lugar de estar siempre a merced de las distracciones.

La **atención plena en la toma de decisiones** es otro aspecto clave para vivir con intención. A menudo, nos vemos envueltos en una rutina de decisiones automáticas o impulsivas, influenciadas por la inmediatez y el entorno digital que nos rodea. Sin embargo, al integrar la atención plena en nuestra vida diaria, podemos **ralentizar** este proceso y tomar decisiones más reflexivas. Esto implica detenerse y **preguntarnos conscientemente** si la decisión que estamos tomando realmente se alinea con nuestros valores y objetivos a largo plazo. Este enfoque no solo mejora la calidad de nuestras decisiones, sino que también nos ayuda a evitar el **agotamiento** que surge cuando tomamos decisiones apresuradas y sin reflexión.

Vivir con intención también significa aprender a **reducir la multitarea**. La multitarea es un hábito que, si bien parece eficiente, en realidad fragmenta nuestra atención y reduce nuestra capacidad de **estar presentes** en lo que estamos haciendo. En lugar de dividir nuestra atención entre varias tareas a la vez, la práctica de la atención plena nos anima a **enfocarnos en una sola cosa** y darle toda nuestra atención. Esto no solo mejora nuestra **productividad**, sino que también nos permite disfrutar más de cada actividad, ya que estamos plenamente inmersos en ella. Al dejar de lado la multitarea, reducimos el estrés y aumentamos nuestra capacidad para **completar tareas** de manera más efectiva y satisfactoria.

La **atención plena aplicada a las relaciones personales** es otro aspecto crucial de vivir con intención. A menudo, nuestras interacciones con los demás están teñidas por distracciones: revisamos el teléfono mientras hablamos, estamos pensando en lo que diremos a continuación en lugar de escuchar realmente o estamos físicamente presentes pero mentalmente ausentes. Integrar la atención plena en nuestras relaciones implica **estar verdaderamente presentes** con los demás, escuchando de manera activa y sin juzgar. Esto no solo mejora la calidad de nuestras relaciones, sino que también nos permite **conectar más profundamente** con los demás, lo que genera un sentido de **empatía** y **comprensión** mutua.

Uno de los pilares del mindfulness es aprender a **responder en lugar de reaccionar** a los estímulos externos. Vivir con intención nos invita a desarrollar esta habilidad, permitiéndonos crear un **espacio entre el estímulo y nuestra respuesta**. Este espacio es esencial para que podamos tomar decisiones más conscientes y evitar respuestas impulsivas que a menudo generan estrés o conflicto. En lugar de reaccionar de inmediato ante una situación desafiante o una emoción intensa, la atención plena nos da la oportunidad de **observar** lo que estamos sintiendo, tomar un momento para procesarlo y luego responder de manera más calmada y consciente.

Un componente importante de esta integración de la atención plena en la vida cotidiana es la **práctica de la gratitud**. En un mundo donde muchas veces estamos enfocados en lo que nos falta o en lo que nos preocupa, la atención plena nos ayuda a **apreciar el momento presente** y a ser más conscientes de las cosas por las que podemos estar agradecidos. Tomarnos un momento al final del día para reflexionar sobre las cosas buenas que hemos experimentado, por pequeñas que sean, puede cambiar radicalmente nuestra perspectiva y ayudarnos a **valorar** lo que tenemos, en lugar de estar constantemente buscando algo más. Esta práctica de gratitud nos permite vivir con mayor **intención** y **satisfacción**.

Un ejemplo práctico de cómo integrar la atención plena en la vida cotidiana es la **planificación intencional del día**. En lugar de abordar el día de manera reactiva, dejándonos llevar por las demandas externas, podemos empezar cada día con unos minutos de reflexión. Esto puede incluir una breve meditación o simplemente un momento de **introspección**, donde nos preguntamos cuáles son nuestras prioridades para el día y cómo podemos gestionarlas de manera más consciente. Esta planificación nos ayuda a evitar el agotamiento que viene con la sobrecarga de tareas y estímulos, y nos permite vivir cada día con mayor **claridad** y propósito.

La integración del mindfulness también se extiende a nuestras **rutinas diarias**. Actividades simples como comer, caminar o incluso ducharse pueden ser oportunidades para practicar la atención plena y vivir con mayor intención. Al realizar estas actividades de manera consciente —prestando atención a las sensaciones, los sonidos y los movimientos—, transformamos tareas rutinarias en momentos de **presencia plena**. Esto no solo mejora nuestra calidad de vida, sino que también nos ayuda a **desconectar del piloto automático**, lo que reduce la sensación de que el día pasa sin que realmente lo experimentemos.

Finalmente, vivir con intención implica **simplificar nuestra vida** y **priorizar lo esencial**. En lugar de intentar hacerlo todo o estar en todas partes, la atención plena nos enseña a **elegir con cuidado** dónde poner nuestra energía. Esto significa decir **no** a actividades, compromisos o estímulos que no aportan valor a nuestra vida y **sí** a lo que realmente nos nutre. Al hacerlo, reducimos la sobrecarga sensorial y emocional, y creamos un espacio más claro para enfocarnos en lo que es verdaderamente importante para nosotros. Este proceso de simplificación nos permite vivir una vida más plena, centrada y alineada con nuestros valores más profundos.

13

REINVENTANDO LA RELACIÓN CON LA TECNOLOGÍA

L a tecnología, aunque imprescindible, ha comenzado a dictar nuestras vidas. En este capítulo, reflexionamos sobre cómo hemos llegado a depender tanto de ella y cómo podemos empezar a usarla de manera más consciente. Desde la gestión de notificaciones hasta la implementación de un **detox digital**, este capítulo presenta estrategias para redefinir nuestra relación digital, utilizando la tecnología como una herramienta que apoye nuestros valores y objetivos, en lugar de un tirano que nos controla.

La dependencia de la tecnología

En las últimas décadas, la tecnología ha transformado todos los aspectos de nuestra vida diaria. Lo que comenzó como una herramienta para mejorar la eficiencia en el trabajo o facilitar el acceso a la información se ha convertido en una presencia constante en casi todas nuestras actividades, desde la manera en que trabajamos hasta cómo nos entretenemos, nos comunicamos y gestionamos nuestras vidas. Sin embargo, este avance tecnológico, que inicialmente se percibió como una mejora, ha generado una **dependencia**

excesiva que está alterando profundamente nuestras rutinas, nuestros hábitos y, en última instancia, nuestra relación con nosotros mismos y con los demás.

La **dependencia de la tecnología** se ha convertido en un fenómeno generalizado que afecta a prácticamente todos los aspectos de nuestra vida. En el ámbito laboral, por ejemplo, muchas personas dependen de herramientas tecnológicas no solo para realizar su trabajo, sino también para **organizar su tiempo**, comunicarse con colegas, acceder a datos y cumplir con plazos. La posibilidad de estar conectados en todo momento a través de correos electrónicos, videoconferencias y aplicaciones de mensajería ha generado una cultura de **disponibilidad constante**, donde el límite entre el trabajo y el tiempo personal se ha vuelto borroso. La tecnología, diseñada para **facilitar** el trabajo, ha creado un entorno donde es difícil desconectar y descansar, lo que genera niveles más altos de **estrés** y **agotamiento**.

En el ámbito del **entretenimiento**, la dependencia de la tecnología también es evidente. Las plataformas de streaming, los videojuegos y las redes sociales han creado un entorno en el que el acceso a la diversión y la distracción es **inmediato** y constante. Ya no es necesario salir de casa para entretenerse; basta con hacer clic en un botón para tener acceso a horas de contenido, desde películas hasta videojuegos y aplicaciones de redes sociales. Si bien esto ha democratizado el acceso al entretenimiento, también ha creado una dependencia psicológica, ya que muchas personas recurren a la tecnología para **escapar** de la rutina o el estrés. Este acceso ilimitado al entretenimiento genera un ciclo en el que la tecnología se convierte en la solución rápida para la **aburrición**, el **estrés** o incluso la **soledad**, lo que dificulta desconectar y disfrutar de otras formas de ocio más significativas.

La **dependencia de la tecnología** también ha transformado nuestra forma de **relacionarnos** con los demás. Las redes sociales y las aplicaciones de mensajería instantánea han reemplazado en gran medida las interacciones cara a cara, facilitando una conexión superficial y rápida, pero, a menudo, a expensas de relaciones más profundas y significativas. Nos hemos acostumbrado a estar en contacto con amigos y familiares a través de pantallas, lo que ha reducido nuestra capacidad de **escuchar** activamente y estar presentes en las interacciones. Esta dependencia de la comunicación digital nos ha dejado en un estado de **conexión constante** pero, paradójicamente, de **desconexión emocional**. La tecnología, que debería facilitar la cercanía, a menudo se convierte en una barrera para la **intimidad** y la **autenticidad**.

Uno de los factores que ha acelerado esta dependencia es la **conveniencia** que ofrece la tecnología. Desde aplicaciones de entrega de alimentos hasta herramientas de trabajo colaborativo, todo está diseñado para ser rápido, eficiente y accesible con un solo clic. Esta conveniencia, aunque beneficiosa en muchos aspectos, ha generado un tipo de dependencia en la que ya no confiamos en nuestras habilidades para realizar ciertas tareas de forma independiente. Nos hemos acostumbrado a **externalizar** funciones que antes realizábamos nosotros mismos, desde la navegación hasta la compra de productos y servicios, lo que ha reducido nuestra **autonomía** en ciertas áreas de la vida cotidiana. La tecnología ha simplificado muchos aspectos de nuestra existencia, pero también nos ha hecho menos capaces de **gestionar nuestras necesidades** sin su ayuda.

Otro ámbito afectado por esta dependencia tecnológica es el de la **información y el conocimiento**. Hoy en día, gran parte de nuestra capacidad para acceder al conocimiento depende de la tecnología, particularmente de Internet. La posibilidad de tener respuestas a cualquier pregunta al alcance de la mano ha reducido nuestra tendencia a **reflexionar** o **memorizar** información por nosotros mismos. La inmediatez de la información ha cambiado nuestra relación con el conocimiento, fomentando una mentalidad de **consumo rápido** en lugar de una de **aprendizaje profundo**. Este fenómeno ha llevado a una sobrecarga de información, donde a menudo nos sentimos abrumados por la cantidad de datos disponibles, pero carecemos del tiempo o la capacidad para **procesarlos** de manera significativa.

El desarrollo de **algoritmos** y **inteligencia artificial** también ha intensificado la dependencia tecnológica, ya que estas tecnologías están diseñadas para **anticipar** nuestras necesidades y preferencias, eliminando la necesidad de que tomemos decisiones activas. Desde las recomendaciones de películas hasta las sugerencias de compras, los algoritmos nos guían hacia decisiones que pueden parecer convenientes, pero que reducen nuestra capacidad para **explorar** nuevas opciones de manera independiente o **cuestionar** nuestras preferencias. Esta dependencia de los algoritmos para guiar nuestras elecciones nos priva de la **curiosidad** y la **autonomía**, ya que nos acomodamos a lo que la tecnología nos ofrece sin cuestionar las alternativas.

La dependencia de la tecnología ha llegado al punto en que muchas personas experimentan **síntomas físicos y emocionales** cuando se ven privadas de sus dispositivos, un fenómeno conocido como **nomofobia** (miedo a estar sin el teléfono móvil). Este trastorno refleja hasta qué punto la tecnología ha permeado todos los aspectos de nuestra vida, generando una necesidad constante de estar conectados y de verificar los dispositivos para obtener tranquilidad. La tecnología se ha convertido en una fuente de **seguridad psicológica**, pero también en una fuente de **ansiedad** cuando no está disponible.

Además de los efectos emocionales y cognitivos, la dependencia de la tecnología también tiene un impacto en nuestra **salud física**. El uso excesivo de dispositivos digitales está relacionado con problemas como el **sedentarismo**, el **dolor crónico de espalda** o cuello, y la **fatiga ocular**. Pasamos gran parte del día frente a pantallas, lo que contribuye a una disminución de la actividad física y aumenta los riesgos de **enfermedades relacionadas con el estilo de vida**, como la obesidad y problemas cardiovasculares. La tecnología, diseñada para hacernos la vida más fácil, también está contribuyendo a un estilo de vida menos saludable en muchos casos.

Si bien la tecnología ha facilitado numerosos aspectos de nuestras vidas, esta **dependencia excesiva** plantea preguntas importantes sobre nuestra

autonomía, capacidad de adaptación y nuestra relación con el mundo. Hemos llegado a un punto en el que la tecnología ya no es simplemente una herramienta, sino una parte fundamental de nuestra **identidad y existencia diaria**. Este nivel de dependencia nos lleva a preguntarnos si hemos perdido el control sobre el lugar que la tecnología debería ocupar en nuestras vidas y qué podemos hacer para **redefinir esa relación** de manera más saludable.

La tecnología como herramienta, no como tirano

La tecnología ha revolucionado todos los aspectos de nuestra vida, desde la forma en que trabajamos hasta cómo nos conectamos y entretenemos. Sin embargo, cuando la tecnología deja de ser una **herramienta** y se convierte en un **tirano** que dicta nuestras decisiones, prioridades y hábitos, es hora de replantear nuestra relación con ella. Para **usar la tecnología de manera más consciente**, necesitamos redefinir su lugar en nuestras vidas y asegurarnos de que esté **alineada con nuestros valores** y objetivos personales, en lugar de permitir que la tecnología nos controle.

Uno de los pasos fundamentales para recuperar el control es **reconocer** cuándo la tecnología está dictando nuestro comportamiento en lugar de servirnos como una herramienta de apoyo. A menudo, nos encontramos utilizando la tecnología de manera automática, sin cuestionar si está realmente mejorando nuestra calidad de vida. Por ejemplo, revisamos compulsivamente nuestras redes sociales, respondemos a notificaciones de inmediato o pasamos horas viendo videos sin pensar en cómo estas actividades afectan nuestro bienestar. El primer paso para usar la tecnología de manera consciente es **hacer una pausa** y reflexionar sobre nuestras **rutinas digitales**: ¿Estamos usando la tecnología para enriquecer nuestra vida o simplemente estamos reaccionando a estímulos?

Una estrategia clave para hacer de la tecnología una **herramienta** es

establecer límites claros en su uso. La tecnología tiene el potencial de mejorar nuestra productividad, facilitar el acceso a la información y mantenernos conectados, pero sin límites, puede invadir cada aspecto de nuestra vida. Para evitar que se convierta en un tirano, es útil **delimitar** momentos específicos para usar dispositivos digitales y para desconectar por completo. Por ejemplo, podemos establecer tiempos designados para revisar el correo electrónico o las redes sociales, y crear **zonas libres de tecnología** en casa, como el dormitorio o la mesa de comedor. Estos límites no solo reducen la sobrecarga sensorial, sino que también fomentan momentos de **presencia plena** en la vida offline.

Además de establecer límites de tiempo y espacio, es crucial aprender a **gestionar nuestras notificaciones**. Uno de los principales factores que contribuyen a la sensación de estar a merced de la tecnología es la **avalancha constante de notificaciones** que interrumpen nuestra atención y nos obligan a reaccionar de inmediato. Para recuperar el control, podemos **desactivar las notificaciones** que no son esenciales y ser selectivos con las aplicaciones que tienen acceso a nuestra atención en tiempo real. Al reducir estas interrupciones, podemos concentrarnos mejor en nuestras tareas, mejorar la calidad de nuestras interacciones personales y reducir el **estrés** asociado con la disponibilidad constante.

Otro enfoque importante es **usar la tecnología con intencionalidad**. Esto significa que en lugar de consumir contenido o utilizar dispositivos de manera pasiva, tomemos decisiones conscientes sobre cómo y por qué usamos la tecnología. Por ejemplo, en lugar de desplazarnos sin pensar por las redes sociales, podemos dedicar un tiempo específico a interactuar con contenido que nos inspire o nos enriquezca. En lugar de usar el teléfono como una herramienta de escape o distracción, podemos hacer un esfuerzo por **reducir su uso automático** y ser más conscientes del impacto que tiene en nuestra salud mental y emocional. Al hacer un uso más **intencional**, podemos transformar la tecnología en un aliado para nuestros objetivos, en lugar de un tirano que controla nuestra atención y energía.

También es útil **alinear el uso de la tecnología con nuestros valores personales**. Esto implica preguntarnos: ¿Cómo quiero que la tecnología **apoye** mi vida y mis metas? Si uno de nuestros valores es la **conexión significativa**, podemos usar la tecnología para mantener contacto con amigos y familiares de una manera más personal, como realizar videollamadas o enviar mensajes sinceros, en lugar de simplemente hacer clic en "me gusta" en las redes sociales. Si valoramos el **aprendizaje continuo**, podemos aprovechar las plataformas digitales para acceder a cursos en línea, leer libros o explorar nuevas habilidades. La tecnología, cuando se utiliza de manera alineada con nuestros valores, puede ser una poderosa herramienta de **crecimiento personal** y **enriquecimiento**.

La **simplificación** del uso de la tecnología es otro aspecto crucial. En lugar de descargar y utilizar múltiples aplicaciones, muchas de las cuales generan distracción o sobrecarga, podemos enfocarnos en las que realmente aportan valor a nuestra vida. Hacer una limpieza regular de nuestros dispositivos, eliminando aplicaciones, suscripciones o cuentas que ya no nos sirven, puede ayudarnos a **desintoxicarnos digitalmente** y a crear un entorno tecnológico más claro y enfocado. Esta práctica no solo nos ayuda a **reducir la distracción**, sino que también nos permite utilizar la tecnología de manera más **eficiente** y **productiva**.

Otro enfoque útil es **practicar la atención plena** mientras usamos la tecnología. Esto significa estar presentes y conscientes de cómo interactuamos con los dispositivos, en lugar de caer en un uso impulsivo o automático. Podemos observar cómo nos sentimos mientras navegamos en línea, notando si estamos utilizando la tecnología como una forma de **escapar** de algo o simplemente por hábito. Al ser más conscientes de nuestras reacciones emocionales y físicas al usar la tecnología, podemos hacer **ajustes** para asegurarnos de que nos estamos beneficiando de su uso, en lugar de sentirnos consumidos por ella.

El concepto de **detox digital** también es esencial en este proceso. Establecer períodos regulares en los que desconectamos por completo de la tecnología —ya sea durante unas horas al día o durante fines de semana enteros— es fundamental para **restaurar el equilibrio** y reconectar con nosotros mismos sin la interferencia constante de pantallas y notificaciones. Estos descansos nos permiten recuperar la **claridad mental** y experimentar lo que se siente vivir sin estar constantemente conectados. El detox digital puede ser tan sencillo como apagar el teléfono por la noche o planificar actividades al aire libre donde la tecnología no juegue ningún papel. Estos momentos de desconexión nos ofrecen una oportunidad valiosa para **renovar** nuestra relación con el mundo físico y con nuestras propias experiencias.

Además, es importante **cuestionar** la tecnología que utilizamos. En lugar de aceptar ciegamente todas las innovaciones tecnológicas, podemos adoptar un enfoque más crítico y reflexivo. ¿Realmente necesitamos el último dispositivo o la aplicación de moda? ¿Nos está ayudando a mejorar nuestra vida, o solo está creando más ruido y distracción? Adoptar una actitud más **crítica** hacia la tecnología nos permite ser consumidores más conscientes y asegurarnos de que solo estamos adoptando herramientas que realmente **enriquecen** nuestras vidas y nos ayudan a alcanzar nuestras metas.

Por último, usar la tecnología de manera consciente significa **redefinir nuestra relación con ella**, asegurándonos de que sea una parte de nuestra vida que nos **sirva**, en lugar de algo que nos controle. Esto requiere un enfoque continuo de **autoevaluación** y **ajustes**, donde constantemente revisemos cómo estamos utilizando nuestros dispositivos y si nuestro uso está alineado con los valores y prioridades que consideramos importantes. Esta relación saludable con la tecnología no significa renunciar a sus beneficios, sino **aprovechar su potencial** sin perder de vista lo que realmente importa.

Redefiniendo nuestra relación digital

En un mundo hiperconectado y saturado de estímulos digitales, **redefinir nuestra relación con la tecnología** es esencial para vivir de manera más equilibrada y consciente. Aunque la tecnología tiene un papel crucial en nuestra vida cotidiana, también es una fuente de **distracción, estrés** y **sobrecarga sensorial**. La clave no es rechazar la tecnología, sino **gestionar** su uso de manera que nos **beneficie** en lugar de consumirnos. A través de estrategias como el **detox digital** y el **uso intencional de la tecnología**, podemos cultivar una relación más saludable, en la que la tecnología se convierte en una herramienta que sirve a nuestros propósitos sin interferir con nuestra **salud mental** o nuestra **calidad de vida**.

Una de las estrategias más efectivas para comenzar a **redefinir nuestra relación digital** es el **detox digital**. Este enfoque implica **desconectar** de la tecnología por períodos específicos de tiempo para **restaurar el equilibrio** mental y emocional. El detox digital puede variar en duración e intensidad, desde simples pausas diarias donde se evita el uso de dispositivos durante unas horas, hasta fines de semana completos sin conexión o incluso retiros tecnológicos. El objetivo de esta práctica es **crear espacio** para que nuestra mente descanse de la constante estimulación que proviene de los dispositivos electrónicos y para reconectar con el entorno físico y las experiencias reales. Durante el detox, podemos redescubrir el **silencio**, el **entorno natural** y las actividades offline, lo que promueve una sensación de **claridad mental** y **bienestar**.

Otra estrategia importante es la **tecnología intencional**, que consiste en utilizar la tecnología de manera **consciente** y alineada con nuestras metas y valores personales. Este enfoque implica **seleccionar cuidadosamente** cómo y cuándo interactuamos con dispositivos y plataformas digitales, en lugar de permitir que el uso de la tecnología sea automático o dictado por hábitos impulsivos. Por ejemplo, en lugar de abrir las redes sociales o revisar el correo electrónico de manera compulsiva, podemos establecer **intenciones claras** antes de usar la tecnología: ¿Qué espero obtener de esta interacción? ¿Es realmente necesario que revise mi teléfono en este momento? Al adoptar este enfoque reflexivo, reducimos el uso innecesario de la tecnología y nos enfocamos en lo que realmente nos importa.

Una parte esencial de la tecnología intencional es aprender a **priorizar** lo que realmente merece nuestra atención. Con el volumen de información disponible en línea, es fácil sentirse abrumado por la necesidad de estar siempre actualizado o de consumir contenido sin descanso. Sin embargo, no toda la información tiene el mismo valor. Aplicar un enfoque minimalista a nuestro consumo digital implica **filtrar activamente** lo que consumimos, seleccionando fuentes confiables y limitando el tiempo que dedicamos a plataformas o contenidos que no añaden valor a nuestras vidas. Esto no solo mejora nuestra **claridad mental**, sino que también nos ayuda a **mantenernos enfocados** en nuestras prioridades.

El **establecimiento de límites digitales** es otra estrategia clave para mantener una relación saludable con la tecnología. Esto implica **delimitar tiempos** y **espacios** en los que la tecnología no está permitida, como la hora de las comidas, las primeras horas del día o el tiempo antes de dormir. Los límites digitales nos permiten crear momentos de **desconexión**, donde podemos descansar de la estimulación constante y estar más presentes con nosotros mismos y con los demás. Además de los horarios, los límites digitales pueden implicar restringir el uso de dispositivos en ciertos espacios físicos, como el dormitorio o el lugar de reuniones familiares. Esto fomenta una **cultura de desconexión** saludable que protege nuestro bienestar mental y emocional.

Un aspecto importante de redefinir nuestra relación digital es **revisar nuestras rutinas diarias** en torno al uso de la tecnología. ¿Empezamos el día revisando el teléfono nada más despertar? ¿Usamos el dispositivo como una forma de llenar cada momento de inactividad? Identificar estos **hábitos**

automáticos es esencial para hacer cambios conscientes. Una estrategia efectiva es comenzar el día con una rutina sin tecnología, como **meditar, leer** o **realizar ejercicio**, antes de sumergirse en el mundo digital. De manera similar, cerrar el día con una **desconexión digital** puede ayudar a mejorar la **calidad del sueño** y promover un estado de calma y relajación antes de dormir. Estos pequeños ajustes en la rutina pueden tener un impacto significativo en nuestra **salud mental** y nuestra relación con la tecnología.

El **uso consciente de las redes sociales** es otra pieza fundamental en la redefinición de nuestra relación digital. Las redes sociales, aunque pueden ser una excelente herramienta para mantenerse conectado, también fomentan la **comparación constante** y la **sobrecarga de información**. Una estrategia para utilizar las redes de manera más saludable es **limitar el tiempo** que dedicamos a estas plataformas y ser más selectivos con el tipo de contenido que consumimos. Podemos optar por seguir cuentas que nos inspiren o nos eduquen, en lugar de aquellas que nos generan **estrés** o **ansiedad**. Asimismo, podemos practicar la **desintoxicación de redes sociales** de manera regular, tomándonos descansos de estas plataformas para reconectar con nuestras propias experiencias y reducir la presión de estar constantemente expuestos a la vida de los demás.

El **uso consciente de la tecnología para mejorar el bienestar** también puede implicar aprovechar aplicaciones y herramientas diseñadas para fomentar hábitos saludables. Hay muchas tecnologías que pueden ayudarnos a **meditar, hacer ejercicio** o **gestionar el tiempo** de manera más eficiente. La clave está en seleccionar herramientas que **enriquezcan** nuestra vida en lugar de añadir más ruido y distracción. Por ejemplo, podemos usar aplicaciones que promuevan la **atención plena** o que nos ayuden a gestionar el tiempo de pantalla, limitando el acceso a ciertas aplicaciones durante el día. De esta manera, la tecnología se convierte en un **aliado** para nuestros objetivos de bienestar en lugar de una fuente de sobrecarga.

Otra estrategia es implementar un **día de desconexión digital** en la semana.

Similar al concepto de un día de descanso, este es un período durante el cual nos alejamos completamente de los dispositivos digitales para **reenfocar nuestra atención** en el mundo físico. Este día puede ser utilizado para pasar tiempo con la familia, disfrutar de la naturaleza, leer o realizar actividades creativas sin la interferencia de la tecnología. Establecer un día de desconexión nos permite **resetear** nuestra mente, reduciendo el estrés y promoviendo una sensación de **renovación**.

La **educación digital** también juega un papel importante en la creación de una relación más saludable con la tecnología. A medida que la tecnología evoluciona rápidamente, es importante estar al tanto de cómo funciona, cómo impacta nuestra vida y cómo podemos protegernos de sus efectos negativos. Esto incluye aprender a reconocer las **tácticas de manipulación** que utilizan algunas plataformas para captar nuestra atención, como los algoritmos que priorizan contenido emocionalmente cargado o las notificaciones diseñadas para generar compulsividad. Ser conscientes de estas tácticas nos permite **protegernos** mejor y **usar la tecnología en nuestros propios términos**, en lugar de dejarnos manipular por sus mecanismos de adicción.

Finalmente, redefinir nuestra relación con la tecnología implica un enfoque constante de **autoevaluación**. No se trata de establecer reglas estrictas y fijas, sino de ajustar continuamente cómo usamos la tecnología a medida que cambian nuestras necesidades, prioridades y circunstancias. Podemos preguntarnos periódicamente: ¿Cómo me siento en relación con la tecnología en este momento? ¿Me está ayudando o me está distrayendo? Al hacer este tipo de preguntas de manera regular, podemos mantener una relación más **dinámica** y saludable con nuestros dispositivos, asegurándonos de que la tecnología sigue siendo una **herramienta útil** en lugar de una fuente de distracción o estrés.

14

HACIA UN FUTURO
SENSORIALMENTE CONSCIENTE

Este último capítulo ofrece una visión optimista sobre cómo podemos vivir en un equilibrio sensorial a medida que el entorno tecnológico sigue evolucionando. Reflexionamos sobre la responsabilidad compartida entre individuos, empresas y gobiernos en la creación de entornos saludables. Con el enfoque adecuado, podemos navegar por la complejidad del mundo moderno sin caer en el caos sensorial, integrando la tecnología de manera que enriquezca nuestras vidas y fomente un futuro más consciente y equilibrado.

El futuro de la sobrecarga sensorial

A medida que avanzamos hacia un futuro cada vez más tecnológico, la **sobrecarga sensorial** se convierte en un tema crítico que requiere nuestra atención y reflexión. Con la proliferación de dispositivos inteligentes, la inteligencia artificial y el Internet de las cosas, nos encontramos en un camino que, si bien promete conveniencia y eficiencia, también plantea serios desafíos para nuestra capacidad de gestionar la sobreestimulación.

Este apartado se centrará en las posibles trayectorias futuras de la sobrecarga sensorial y cómo podemos adoptar un enfoque más **consciente** para navegar por estos cambios.

Una de las tendencias más notables es la **expansión del entorno digital** y la omnipresencia de la **tecnología.** La realidad aumentada (AR) y la realidad virtual (VR) están revolucionando la forma en que interactuamos con el mundo, creando entornos inmersivos que pueden enriquecer nuestras experiencias pero que también pueden generar un nivel aún mayor de sobrecarga sensorial. A medida que estas tecnologías se vuelven más accesibles, es probable que pasemos más tiempo en entornos digitales, lo que podría intensificar la desconexión con la realidad física y la sobrecarga de estímulos. La capacidad de sumergirse en mundos virtuales puede resultar atractiva, pero debemos ser conscientes de los riesgos de esta inmersión, como la fatiga mental y la falta de conexión con el entorno real.

Además, la integración de la inteligencia artificial en nuestras vidas promete personalizar aún más nuestras experiencias, adaptándose a nuestras preferencias y necesidades. Sin embargo, esta personalización también puede contribuir a la sobrecarga sensorial, ya que las tecnologías pueden optimizar el flujo de información, presentando contenido de manera continua y activa. La inmediatez de la información personalizada, si no se gestiona adecuadamente, puede generar un ciclo de **estímulos constantes** que impidan la reflexión y la atención plena. En este contexto, es esencial desarrollar **estrategias** que nos permitan disfrutar de los beneficios de la tecnología sin sucumbir a la sobrecarga.

En el ámbito del trabajo, la **tecnología híbrida** y la colaboración remota están aquí para quedarse. Sin embargo, este nuevo modelo laboral también implica el riesgo de que la **saturación de información** se convierta en una norma. Las reuniones virtuales, las herramientas de gestión de proyectos y las plataformas de colaboración pueden facilitar el trabajo, pero también pueden dar lugar a un entorno laboral **ruidoso** y sobrecargado de datos. Para evitar que esto se convierta en un problema, será crucial que las empresas y los empleados adopten un enfoque más consciente en la gestión de la tecnología en el lugar de trabajo. Esto incluye establecer límites claros en la comunicación digital, fomentar descansos regulares y priorizar momentos de **silencio** y **reflexión**.

La creciente preocupación por el **bienestar mental** y la **salud emocional** es otro aspecto importante a considerar en el futuro de la sobrecarga sensorial. A medida que la conciencia sobre el impacto del estrés y la ansiedad en nuestra vida diaria sigue creciendo, es probable que surjan más iniciativas y herramientas que promuevan el **equilibrio emocional**. Esto podría incluir aplicaciones y tecnologías diseñadas para facilitar la **atención plena**, la **meditación** y el **autocuidado**. Sin embargo, será fundamental que estas herramientas sean utilizadas de manera consciente y no se conviertan en una fuente adicional de estrés o distracción.

La educación sobre la **conciencia sensorial** será esencial en el futuro. Desde una edad temprana, debemos enseñar a las nuevas generaciones a navegar por un mundo saturado de estímulos, ayudándoles a desarrollar habilidades de **atención plena** y a cultivar una relación saludable con la tecnología. Esto implica educar sobre cómo gestionar el uso de dispositivos, establecer límites y priorizar experiencias significativas. La conciencia sensorial no solo será una herramienta valiosa para enfrentar la sobrecarga, sino que también permitirá a las personas disfrutar de una **vida más rica** y **plena**.

En este contexto, también es importante considerar el **diseño consciente** de la tecnología. Los desarrolladores y diseñadores de productos digitales tienen un papel crucial en la creación de herramientas que respeten la atención y el bienestar de los usuarios. Esto incluye considerar cómo el diseño de una aplicación o plataforma puede fomentar la **interacción saludable**, minimizando las distracciones y evitando la sobrecarga sensorial. La creación de experiencias digitales que promuevan la **calma**, la **reflexión** y el **autocuidado** será esencial para ayudar a las personas a gestionar su relación con la tecnología de manera más efectiva.

Un aspecto fundamental a tener en cuenta es la **creación de espacios físicos** que fomenten un entorno sensorial más equilibrado. A medida que avanzamos hacia un futuro donde la tecnología es omnipresente, también deberíamos priorizar la **naturaleza** y el **entorno físico**. La creación de espacios de trabajo y vida que integren elementos naturales y fomenten la desconexión puede contribuir a la salud mental y emocional. Al proporcionar un equilibrio entre lo digital y lo físico, podemos crear un entorno más armonioso que apoye nuestro bienestar.

En última instancia, el futuro de la sobrecarga sensorial dependerá de nuestra capacidad para **adaptarnos** y **evolucionar** en relación con la tecnología. No se trata solo de encontrar formas de limitar su uso, sino de integrarla de manera que sirva a nuestros propósitos y valores. A medida que enfrentamos los desafíos de un mundo digital en constante cambio, es esencial que cultivemos una **actitud consciente** hacia la tecnología, reconociendo sus beneficios y desventajas. Solo así podremos construir un futuro en el que la tecnología sea una herramienta que enriquezca nuestras vidas y fomente una **experiencia sensorial equilibrada**.

La responsabilidad de crear entornos sensoriales saludables

La **sobrecarga sensorial** es un desafío creciente en nuestra sociedad moderna, y su gestión no recae únicamente en los individuos. La creación de entornos sensoriales saludables es una responsabilidad compartida entre **individuos, empresas** y **gobiernos**. Cada uno de estos actores tiene un papel crucial que desempeñar para garantizar que nuestras comunidades y lugares de trabajo sean espacios donde las personas puedan prosperar y experimentar un bienestar emocional y mental.

Individuos: La base del cambio

Los individuos son la primera línea de defensa contra la sobrecarga sensorial. A nivel personal, cada uno de nosotros tiene la responsabilidad de **gestionar** nuestro propio consumo de estímulos y desarrollar hábitos que promuevan un bienestar saludable. Esto incluye ser conscientes de cómo utilizamos la tecnología en nuestra vida diaria y establecer límites en el uso de dispositivos digitales. Practicar el **detox digital**, limitar el tiempo en redes sociales y crear espacios libres de tecnología son pasos que cada persona puede dar para reducir su exposición a la sobrecarga sensorial.

Además, fomentar una mayor **conciencia emocional** es fundamental. Al practicar la atención plena y aprender a identificar nuestras propias reacciones ante la sobrecarga sensorial, podemos desarrollar estrategias para manejar el estrés y la ansiedad de manera más efectiva. La educación sobre la gestión del tiempo y el autocuidado también es vital, ya que nos permite ser más intencionales con nuestro tiempo y priorizar actividades que realmente nutren nuestro bienestar.

La creación de redes de apoyo social también juega un papel importante en la promoción de entornos saludables. Al compartir experiencias y estrategias sobre cómo gestionar la sobrecarga sensorial, los individuos pueden apoyarse mutuamente en la búsqueda de un equilibrio más saludable. Esto fomenta un sentido de **comunidad** y conexión, que es esencial para enfrentar los desafíos del mundo moderno.

Empresas: Fomentando el bienestar en el lugar de trabajo

Las empresas tienen un papel crucial en la creación de entornos de trabajo saludables que reduzcan la sobrecarga sensorial. En un mundo donde el trabajo remoto y las interacciones digitales son cada vez más comunes, las organizaciones deben adoptar políticas que prioricen el bienestar de sus empleados. Esto incluye ofrecer opciones de trabajo flexible, donde los empleados puedan gestionar su tiempo de manera que reduzcan el estrés y la sobrecarga.

Además, las empresas pueden implementar espacios de trabajo que promuevan la **tranquilidad** y la **concentración**. La incorporación de áreas de descanso, ambientes con iluminación natural y la posibilidad de personalizar el espacio de trabajo son elementos que pueden contribuir a reducir la sobrecarga sensorial. Proporcionar formación en gestión del tiempo, técnicas de atención plena y autocuidado también puede ser beneficioso para los empleados, ayudándoles a desarrollar habilidades para manejar el estrés en el lugar de trabajo.

Fomentar una cultura organizacional que valore la salud mental es igualmente importante. Las empresas pueden realizar campañas de concienciación sobre la sobrecarga sensorial y la importancia del bienestar emocional. Proporcionar recursos como asesoramiento psicológico y espacios para la reflexión personal puede crear un entorno más saludable donde los empleados se sientan apoyados y comprendidos.

Gobiernos: Políticas para un entorno sano

Los gobiernos también tienen un papel esencial en la creación de entornos sensoriales saludables a través de políticas y regulaciones. Esto incluye la implementación de normativas que limiten la exposición al ruido en entornos urbanos, así como fomentar espacios verdes y áreas de recreación que brinden a los ciudadanos oportunidades para escapar de la sobrecarga sensorial de la vida diaria.

La educación pública sobre la importancia del bienestar emocional y la salud mental debe ser una prioridad. Los gobiernos pueden desarrollar programas de concienciación que enseñen a las personas cómo gestionar la sobrecarga sensorial y fomentar prácticas de atención plena. Además, el acceso a recursos de salud mental y emocional debe ser garantizado para todos, asegurando que las personas tengan el apoyo necesario para enfrentar los desafíos que presenta la sobrecarga sensorial.

También es fundamental que los gobiernos colaboren con las empresas y las organizaciones de la sociedad civil para crear iniciativas que promuevan entornos saludables. Estas colaboraciones pueden resultar en la creación de espacios comunitarios que fomenten el bienestar, así como en la implementación de políticas que protejan la salud mental y emocional de los ciudadanos.

Un esfuerzo colectivo

Crear entornos sensoriales saludables es un esfuerzo colectivo que requiere la participación activa de todos los sectores de la sociedad. Al reconocer que la sobrecarga sensorial no es solo un problema individual, sino un fenómeno que afecta a nuestras comunidades y lugares de trabajo, podemos adoptar un enfoque más holístico y colaborativo para abordar este desafío.

La responsabilidad de gestionar la sobrecarga sensorial no recae únicamente en el individuo, sino que cada actor social, desde las empresas hasta los gobiernos, debe desempeñar un papel proactivo en la creación de entornos que promuevan el bienestar emocional y mental. Este enfoque integrado permitirá que las personas vivan de manera más plena y consciente, reduciendo el impacto negativo de la sobrecarga sensorial en sus vidas.

Un futuro equilibrado

A medida que nos adentramos en un futuro cada vez más digitalizado y conectado, es natural preguntarnos si podemos encontrar un equilibrio entre la **tecnología** y el **bienestar sensorial**. A pesar de los desafíos que presenta la sobrecarga sensorial, existe un camino hacia adelante que nos permite vivir en armonía con los estímulos que nos rodean. Este futuro equilibrado no solo es posible, sino que es esencial para nuestra salud mental, emocional y física.

Imaginemos un futuro donde la **tecnología** se convierte en un aliado, no en un enemigo. En lugar de inundarnos con información y distracciones, la tecnología podría estar diseñada para fomentar momentos de **tranquilidad** y **atención plena**. A medida que la innovación avanza, es crucial que los desarrolladores y diseñadores de productos prioricen la creación de herramientas que promuevan el **bienestar** y la **conexión humana**. Esto puede incluir aplicaciones que no solo nos conecten con otros, sino que también nos recuerden tomar pausas, practicar la meditación o incluso desconectar de forma intencionada.

La **educación** jugará un papel vital en este futuro equilibrado. Desde una edad temprana, es fundamental que aprendamos sobre la importancia de gestionar la sobrecarga sensorial y la tecnología. Las escuelas pueden enseñar a los estudiantes sobre el uso consciente de dispositivos digitales, así como estrategias para practicar la atención plena y el autocuidado. Este enfoque educativo empoderará a las nuevas generaciones para que se conviertan en consumidores críticos de tecnología, capaces de discernir lo que es realmente beneficioso para su bienestar.

Además, los **espacios públicos** también pueden transformarse en entornos que promuevan la **tranquilidad** y el bienestar sensorial. Imaginemos ciudades diseñadas con una mezcla de tecnología y naturaleza, donde los parques y espacios verdes estén integrados con tecnologías que fomenten la relajación y la conexión con el entorno. Estas áreas podrían incluir elementos como senderos silenciosos, espacios para meditación y actividades al aire libre que permitan a las personas desconectar del ruido urbano y reconectar con la naturaleza. Al crear un entorno físico que priorice la calma, podemos reducir la sobrecarga sensorial en nuestras vidas diarias.

El futuro equilibrado también implica un cambio en la **cultura laboral**. A medida que más empresas reconozcan la importancia de la salud mental y el bienestar de sus empleados, podemos esperar un enfoque más holístico hacia el trabajo. Las organizaciones pueden adoptar políticas que fomenten el equilibrio entre la vida laboral y personal, como horarios flexibles y espacios de trabajo diseñados para reducir la distracción y el estrés. Un entorno de trabajo que prioriza el bienestar permite a los empleados rendir de manera más efectiva, aumentando su satisfacción y compromiso.

Además, la **tecnología podría integrarse** en nuestras vidas diarias de manera que se alinee con nuestros objetivos y valores personales. En lugar de ser una distracción constante, la tecnología puede ser utilizada de forma intencionada para mejorar nuestras experiencias. Esto podría incluir el uso de recordatorios para practicar la atención plena, establecer horarios de desconexión y crear herramientas que promuevan la reflexión y el autocuidado. Al convertir la tecnología en una herramienta que respete nuestro bienestar, podemos disfrutar de sus beneficios sin sacrificar nuestra salud mental.

La **comunidad** también desempeña un papel fundamental en la creación de un futuro equilibrado. A medida que las personas se vuelven más conscientes de los efectos de la sobrecarga sensorial, pueden unirse para promover un entorno que valore la **calma**, la **presencia** y la **conexión**. Esto podría manifestarse en grupos de apoyo, talleres sobre mindfulness, o incluso iniciativas comunitarias para reducir el ruido en áreas públicas. Al trabajar juntos, las comunidades pueden fomentar una cultura de **atención plena** y bienestar que beneficia a todos sus miembros.

Finalmente, es esencial cultivar una **mentalidad de adaptación** y **flexibilidad** en este futuro equilibrado. La vida es inherentemente dinámica, y nuestras necesidades y circunstancias cambiarán con el tiempo. Adoptar una mentalidad que permita ajustes en nuestra relación con la tecnología y los estímulos sensoriales es clave para mantener el equilibrio. Esto implica revisar periódicamente cómo nos sentimos en relación con la tecnología, qué hábitos necesitamos ajustar y cómo podemos seguir evolucionando en nuestra búsqueda de un bienestar sostenible.

En conclusión, el futuro de la sobrecarga sensorial puede ser uno de **equilibrio** y **armonía**, donde la tecnología y el bienestar conviven en una relación de apoyo mutuo. A través de la educación, el diseño consciente, la adaptación cultural y la comunidad, podemos construir un entorno donde la tecnología sea una herramienta que enriquezca nuestras vidas en lugar de controlarlas. Este futuro es alcanzable si trabajamos juntos, promoviendo la conciencia sensorial y el uso intencional de la tecnología.

Afterword

Gracias por haber llegado hasta aquí. Espero que este libro te haya sido útil y te haya ofrecido nuevas perspectivas sobre la era en la que vivimos, marcada por la sobrecarga sensorial. Mi objetivo ha sido compartir ideas y herramientas para ayudarte a navegar en este mundo tan saturado de estímulos, y que puedas encontrar un equilibrio que te permita vivir de manera más plena y consciente.

Si lo que has leído te ha resonado de alguna manera, o si has encontrado algo que te haya ayudado, te agradecería muchísimo que compartas tu experiencia dejando una reseña en Amazon. Tu opinión no solo me ayuda a mí como autor, sino que también puede guiar a otros lectores a descubrir este libro.

Gracias nuevamente por dedicar tu tiempo y atención a estas páginas. Ha sido un placer compartir este viaje contigo.

Carlos Ruiz Pérez

www.ingramcontent.com/pod-product-compliance
Lightning Source LLC
LaVergne TN
LVHW051235050326
832903LV00028B/2412